60秒變身
60-Second Genius
Science

科學小天才

1分鐘
掌握重點
知識！

敘述簡單扼要，圖解清晰易懂，學習變得有趣又快速！

強‧理查茲 Jon Richards 著

洪夏天 譯

商周教育館 55
60 秒變身科學小天才

作者——強·理查茲（Jon Richards）
譯者——洪夏天
企劃選書——羅珮芳
責任編輯——羅珮芳
版權——吳亭儀、江欣瑜
行銷業務——周佑潔、黃崇華
總編輯——黃靖卉
總經理——彭之琬
事業群總經理——黃淑貞

發行人——何飛鵬
法律顧問——元禾法律事務所王子文律師
出版——商周出版
台北市 104 民生東路二段 141 號 9 樓
電話：(02) 25007008・傳真：(02)25007759
發行——英屬蓋曼群島商家庭傳媒股份有限公司城邦分公司
台北市中山區民生東路二段 141 號 2 樓
書虫客服服務專線：02-25007718；25007719
服務時間：週一至週五上午 09:30-12:00；下午 13:30-17:00
24 小時傳真專線：02-25001990；25001991
劃撥帳號：19863813；戶名：書虫股份有限公司
讀者服務信箱：service@readingclub.com.tw
城邦讀書花園：www.cite.com.tw
香港發行所——城邦（香港）出版集團
香港灣仔駱克道 193 號東超商業中心 1F
電話：(852) 25086231・傳真：(852) 25789337
E-mail：hkcite@biznetvigator.com
馬新發行所——城邦（馬新）出版集團【Cite (M) Sdn Bhd】
41, Jalan Radin Anum, Bandar Baru Sri Petaling,
57000 Kuala Lumpur, Malaysia.
電話：(603) 90578822・傳真：(603) 90576622
Email: cite@cite.com.my

封面設計——林曉涵
內頁排版——陳健美
印刷——韋懋實業有限公司
經銷——聯合發行股份有限公司
電話：(02)2917-8022・傳真：(02)2911-0053
地址：新北市 231 新店區寶橋路 235 巷 6 弄 6 號 2 樓

初版——2022 年 6 月 2 日初版
定價——450 元
ISBN——978-626-318-251-6

國家圖書館出版品預行編目（CIP）資料

60 秒變身科學小天才／強·里查茲（Jon Richards）著；
洪夏天譯 .-- 初版 .-- 臺北市：商周出版：英屬蓋曼群島
商家庭傳媒股份有限公司城邦分公司發行 , 2022.06
　面；　公分 . -- （商周教育館；55）
譯自：60-Second Genius: Science
ISBN 978-626-318-251-6(平裝)

1.CST：科學教育 2.CST：初等教育

523.36　　　　　　　　　　111004621

線上版回函卡

60秒變身

科學小天才

目錄

第一章

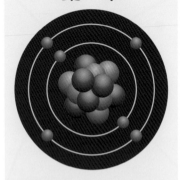

物體與物質

第二章

能

第三章

力

＊每看完一個主題就打個勾勾。數一數，你總共挑戰完幾個主題了呢？

第四章

太空

第五章

我們的行星：
地球

第六章

生氣蓬勃的
世界

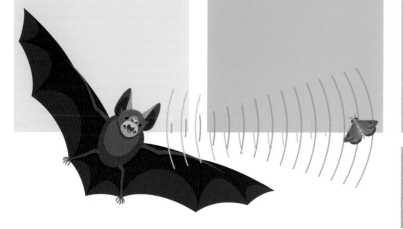

科學是什麼？

科學家試圖瞭解我們的世界，找出萬事運行的原理。他們觀察物體與各種活動，記錄什麼時候發生了什麼事。科學家再利用這些資訊或數據，測試各種想法（也就是推論）正不正確。

即使一個想法有了數據的支持，但過一陣子也可能出現其他變化。科技不斷進步，揭開愈來愈多的資訊，可能會徹底改變我們所知的一切！

不管如何，科學家會持續觀察並記錄各種事件，收集資訊，幫助我們進一步認識宇宙和其中的萬事萬物。

第一章

物體與物質

物質的狀態

萬物都由物質組成，包括從水龍頭流下的水，到天空中飄浮的雲朵。
物質共有四種狀態，組成物質的微小粒子決定了物質的狀態。

固體

固體物質的粒子緊密結合，不會四處移動，因此固體會保持穩定的形狀和體積。

液體

液體的粒子會在彼此身上滑動。液體能隨意流動，但體積不會改變。只要把液體倒進容器，它就會變成容器的形狀。

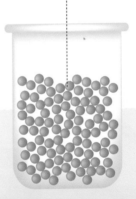

氣體

氣體的粒子可以自由自在地移動。氣體沒有固定的形狀或體積，它會充滿任何容器。

電漿

電漿是種氣體，它的粒子帶電。恆星，比如我們的太陽，就是由電漿組成。

現在就試試看！

水是地球上少數同時以三種狀態存在的物質，這三種狀態是：冰（固體）、水（液體）和水蒸氣（氣體）。在家裡觀察各種物質的狀態，看看能找到幾個例子？

我們所觀察到的宇宙，至少有99%是由電漿組成！但科學家認為我們所觀察到的物質，只占了宇宙的4%，除此之外宇宙充滿我們看不到的奇特東西，我們稱它為暗物質或暗能量。

改變狀態

隨著粒子能量增加或減少，物質會轉變成不同狀態。能量減少時，粒子會移動得慢一些，甚至停下來；能量增加時，粒子會快速移動，甚至飛離彼此。

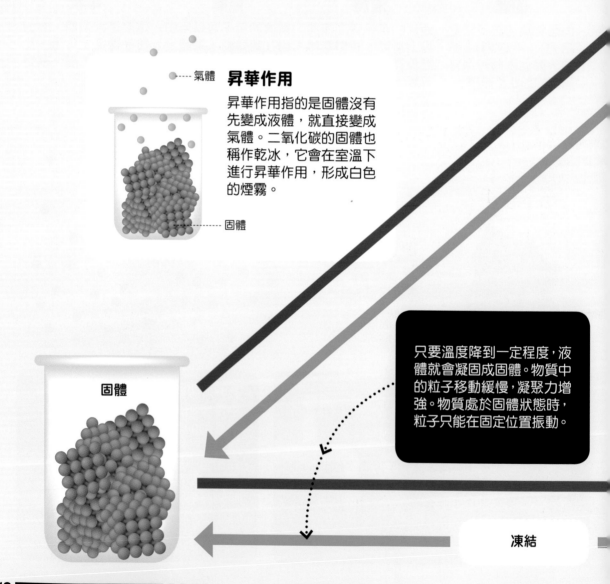

氣體

昇華作用

昇華作用指的是固體沒有先變成液體，就直接變成氣體。二氧化碳的固體也稱作乾冰，它會在室溫下進行昇華作用，形成白色的煙霧。

固體

固體

只要溫度降到一定程度，液體就會凝固成固體。物質中的粒子移動緩慢，凝聚力增強。物質處於固體狀態時，粒子只能在固定位置振動。

凍結

氣體

蒸發作用

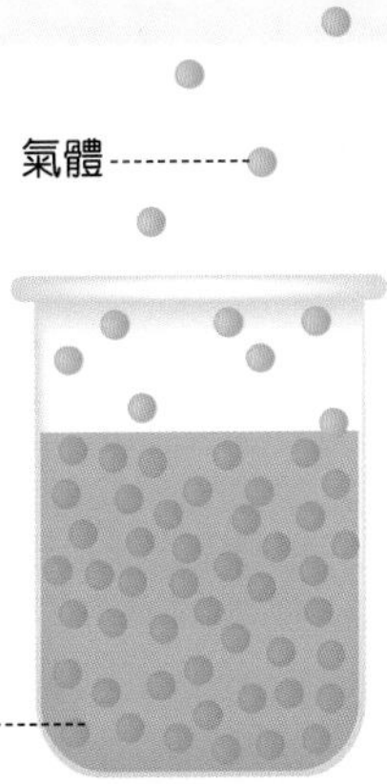

蒸發作用是液體在低於沸點的溫度變為氣體。此時液體中有些粒子移動得非常快速，得以從液體表面脫離，形成氣體。

氣體----------

液體----------

沸騰

冷凝

液體只要加熱到一定溫度，就會沸騰。此時液體的粒子會飛散形成氣體。液體沸騰時，內部會出現氣泡。你在沸水中看到的氣泡是由蒸氣組成，而不是空氣。

降低氣體的溫度時，粒子移動的速度會變慢。若進一步降低溫度，粒子最終會因為動得非常緩慢而聚合在一起，形成液體。這就是凝結作用。

加熱固體時，粒子就會振動得愈來愈快。它們最後會得到足夠的能量，打破彼此之間的聚合力。此時固體融化，變成液體。

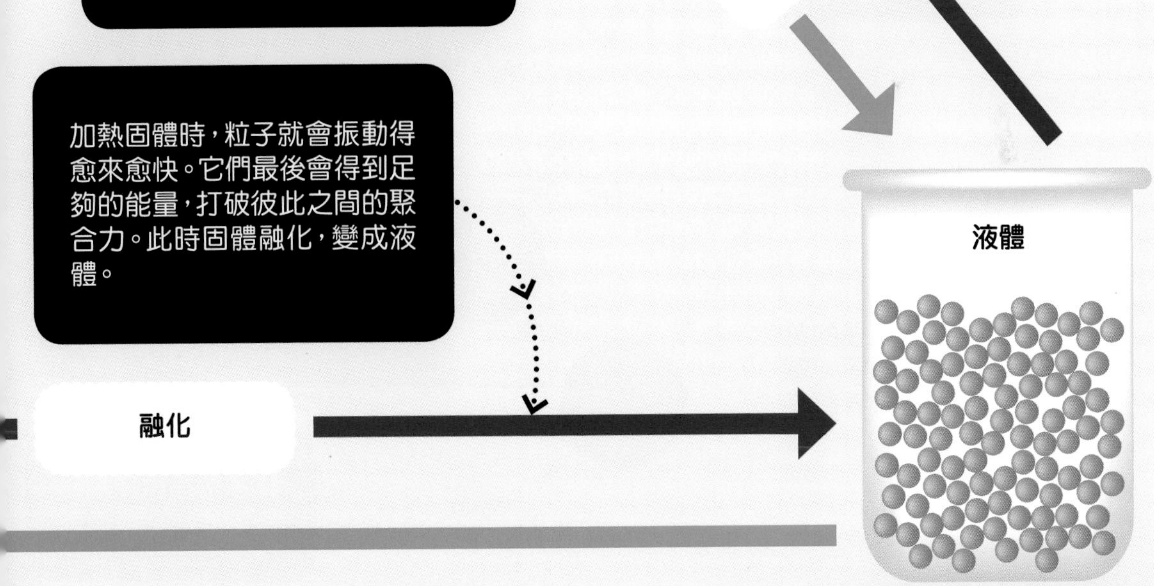

融化

液體

原子是什麼？

宇宙大部分的物質都由原子組成。即使透過功能強大的顯微鏡，我們還是看不到微小的原子，光是紙上的一個小點就能容納數百萬個原子。但是這些被稱為原子的微粒，也是由更微小的次原子粒子組成。

原子核

原子核位在原子中心，由稱為中子和質子的次原子粒子組成。

中子

質子

中子位在原子核，不帶電。

電子

電子

這些微小的次原子粒子的質量，遠低於中子和質子。電子帶負電。它們圍繞著原子核飛旋，形成不同的電子層或電子殼。

質子位在原子核，帶正電。

一個原子裡通常帶有數量相等的質子和電子。原子產生化學反應時可能會得到或失去電子，而電漿則由被剝除電子的原子組成，我們也可以在太陽中發現電漿的蹤影。

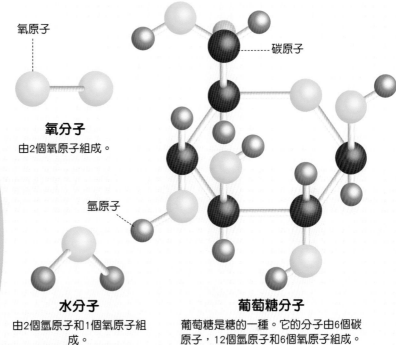

組成分子

原子通常不會獨立存在。它們會與其他原子組成稱為分子的粒子。

氧原子

碳原子

氧分子

由2個氧原子組成。

氫原子

水分子

由2個氫原子和1個氧原子組成。

葡萄糖分子

葡萄糖是糖的一種。它的分子由6個碳原子，12個氫原子和6個氧原子組成。

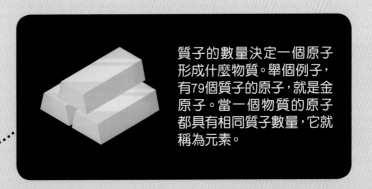

質子的數量決定一個原子形成什麼物質。舉個例子，有79個質子的原子，就是金原子。當一個物質的原子都具有相同質子數量，它就稱為元素。

元素與元素週期表

科學家將各種元素整理成元素週期表。這些元素按照原子序數排列，每一橫列的序數都從左漸漸往右增加。

原子序數 ┄┄ 元素名

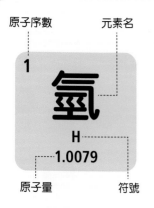

1

氫

H

1.0079

原子量 ┄┄ 符號

名稱與序數

元素週期表列出每個元素的原子量和原子序數。原子序數指的是此元素一個原子核的質子數。原子量則是一個原子核中的質子和中子量的總和。

元素名稱的含義

每個元素都有自己的符號。它可能是元素名稱的頭字母，比如碳元素的符號是C（carbon），也可能是元素拉丁名稱的縮寫，比如Pb指的是拉丁文plumbum，也就是鉛。有些元素以知名科學家為名。比如鎶的符號是Cn，它以文藝復興時期的科學家哥白尼（Copernicus）為名。

> 位在週期表中段的元素稱為過渡金屬，包括了我們身邊最常見的金屬，比如鐵、銅、銀和金。

1 氫 H 1.0079							
3 鋰 Li 6.941	4 鈹 Be 9.01218						
11 鈉 Na 22.989768	12 鎂 Ma 24.305						
19 鉀 K 39.0983	20 鈣 Ca 40.078	21 鈧 Sc 44.95591	22 鈦 Ti 47.88	23 釩 V 50.9415	24 鉻 Cr 51.9961	25 錳 Mn 54.938	26 鐵 Fe 55.847
37 銣 Rb 85.4678	38 鍶 St 87.62	39 釔 Y 88.90585	40 鋯 Zr 91.224	41 鈮 Nb 92.90638	42 鉬 Mo 95.94	43 鎝 Tc 98.9072	44 釕 Ru 101.07
55 銫 Cs 132.90543	56 鋇 Ba 137.327	57–71	72 鉿 Hf 178.49	73 鉭 Ta 180.9479	74 鎢 W 183.85	75 錸 Re 186.207	76 鋨 Os 190.23
87 鍅 Fr 223.0197	88 鐳 Ra 226.0254	89–103	104 鑪 Rf (261)	105 鈍 Db (262)	106 𨭎 Sg (266)	107 䥑 Bh (264)	108 𨭆 Hs (269)

> 俄國化學家迪米崔·門得列夫在1869年發表元素週期表。

57 鑭 La 138.9055	58 鈰 Ce 140.115	59 鐠 Pr 140.90765	60 釹 Nd 144.24	61 鉕 Pm 144.9127	62 釤 Sm 150.36
89 錒 Ac 227.0278	90 釷 Th 232.0381	91 鏷 Pa 231.03588	92 鈾 U 238.0289	93 錼 Np 237.0482	94 鈽 Pu 244.0642

人造元素

原子序1~94的元素是地球上自然存在的元素。另有24個元素的原子序數較高，只能在核子反應爐、分子加速器中，或經由強大的原子爆炸才會產生。它們稱為合成元素，其中有些元素只出現過少少幾個原子而已。

元素族

我們將某些特性相同的元素排成同一族，形成週期表中的直排。比方來說，最右邊的惰性氣體的活性都很低（它們不會組成分子或對其他元素產生反應）。科學家把元素分成兩大類：金屬和非金屬（請見第22、23頁）。

碳元素能與其他元素結合，組成將近1,000萬種不同的化合物。化合物指的是其分子含有一種以上的元素。

					2 氦 He 4.00260
5 硼 B 10.811	6 碳 C 12.011	7 氮 N 14.00674	8 氧 O 15.9994	9 氟 F 18.998403	10 氖 Ne 20.1797
13 鋁 Al 26.981539	14 矽 Si 28.0855	15 磷 P 30.973762	16 硫 S 32.066	17 氯 Cl 35.4527	18 氬 Ar 39.948

27 鈷 Co 58.9332	28 鎳 Ni 58.6934	29 銅 Cu 63.546	30 鋅 Zn 65.39	31 鎵 Ga 69.732	32 鍺 Ge 72.64	33 砷 As 74.92159	34 硒 Se 78.96	35 溴 Br 79.904	36 氪 Kr 83.80
45 銠 Rh 102.9055	46 鈀 Pd 106.42	47 銀 Ag 107.8682	48 鎘 Cd 112.411	49 銦 In 114.818	50 錫 Sn 118.71	51 銻 Sb 121.760	52 碲 Te 127.6	53 碘 I 126.90447	54 氙 Xe 131.29
77 銥 Ir 192.22	78 鉑 Pt 195.08	79 金 Au 196.9665	80 汞 Hg 200.59	81 鉈 Ti 204.3833	82 鉛 Pb 207.2	83 鉍 Bi 208.98037	84 釙 Po (208.9824)	85 砈 At 209.9871	86 氡 Rn 222.0176
109 䥑 Mt (268)	110 鐽 Ds (269)	111 錀 Rg (272)	112 鎶 Cn (277)	113 鉨 Uut 未知	114 鈇 Uuq (289)	115 鏌 Uup 未知	116 鉝 Uuh (298)	117 础 Uus 未知	118 氭 Uuo 未知

63 銪 Eu 151.9655	64 釓 Gd 157.25	65 鋱 Tb 158.92534	66 鏑 Dy 162.50	67 鈥 Ho 164.93032	68 鉺 Er 167.26	69 銩 Tm 168.93421	70 鐿 Yb 173.04	71 鎦 Lu 174.967
95 鎇 Am 243.0614	96 鋦 Cm 247.0703	97 鉳 Bk 247.0703	98 鉲 Cf 251.0796	99 鑀 Es (254)	100 鐨 Fm 257.0951	101 鍆 Md 258.1	102 鍩 No 259.1009	103 鐒 Lr (262)

混合物

不經由化學合成，由兩種以上的原料組成的物質稱為混合物，其中的原料保有自己的特色和特性，不會與彼此產生反應。

混合物的種類：

粗混合物

由各種大型粒子組成，比如在石頭很多的沙灘上，各種石頭與細沙和水混合在一起；或者在一個碗中，放了各式各樣的堅果。

懸浮液

懸浮液的粒子漂浮於液體中，但過一陣子就會沉降在底部，形成沉積層。有泥土粒子漂浮的水，就是一種懸浮液，最終那些泥土都會沉到底部。

溶液

當一個物質（溶質）徹底溶化在一個液體（溶劑）中，就稱為溶液。比方來說，鹽晶體會徹底溶化在水中，與水混合，形成鹽水溶液。

人可輕鬆漂浮於鹽水中。

地球上鹽分最高的水體之一是死海。死海的鹽分幾乎是一般海水的10倍。科學家估計，死海中約有多達3,700萬噸的鹽！

死海周邊可以發現鹽晶體。

分離混和物

如果混合物的粒子很大或沒有均勻混合，我們就能輕鬆分開混合物。若混合物粒子很小且徹底混合，比如溶液，就需要花比較多心力才能加以分離。

過濾

用濾紙過濾混合物時，比較大的粒子會留在濾紙上，而水分子等比較小的粒子則會穿過去。口罩阻絕灰塵與煙霧，同時讓氣體分子通過。

沸騰

煮沸鹽水時，水分子會化為氣體，留下鹽分。

離心機

離心機會在所含的筒子中以非常快的速度旋轉混合物。比較重的粒子會掉到筒子底部，比較輕的粒子會留在上方。例如，醫院用離心機分離血液粒子。紅血球被推到底部，血小板和白血球位在中間，而血漿會位於頂端。

血漿

白血球和血小板

紅血球

分離血液中的成分

色層分離法

墨水之類的混合物，由不同大小分子組成的物質混合而成。只要在紙上滴一滴墨水，就能將它們分離。紙會吸收水分。原本溶化在水中的物質以及粒子較小的物質，在紙上可以移動到距離比較遠的地方，而粒子較大的物質不太會移動，這麼一來，就能在紙條上將不同物質分開來。這就是色層分離法。

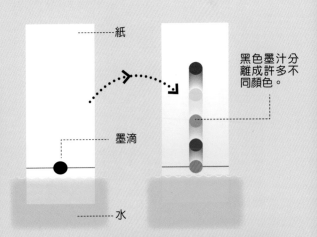

紙

墨滴

水

黑色墨汁分離成許多不同顏色。

蒸餾

蒸餾法是將由兩種液體組成的溶液煮沸再加以分離的方法。溶液沸騰化為氣體，飄進管子中。氣體上升時會冷卻，沸點較高的物質會冷凝再變回液體。其他物質則維持氣體狀態，接下來再冷凝為液體。

反應作用

有些物質的狀態會長期維持不變，有些物質則會經由化學作用與其他物質結合或反應，徹底改變外觀和特性。

化學反應既不會摧毀任何原子，也不會創造出新的原子。形成反應的物質的總質量，與新物質的總質量相等。

反應過程

進行反應時，物質會分裂成獨立的原子。這些原子會與其他物質的原子結合，創造出由不同化學物質組合而成的新物質，也就是化合物。例如，**鐵（Fe）**與**硫（S）**結合後會產生**硫化鐵（FeS）**。

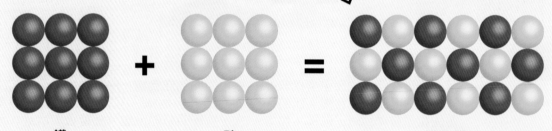

鐵　　　　　　　　　硫　　　　　　　　　硫化鐵

反應速度

有些反應過程緩慢。**鐵（Fe）**需要經歷很長的時間，才會與空氣中的**氧（O）**結合，形成**氧化鐵**，也就是鏽。

有些反應過程非常迅速，並且引發爆炸。當炸藥的組成分子改變時，會造成大爆炸。

加熱反應

燃燒是以熱形式散發能量的反應作用。我們將它稱為放熱反應。必須有燃料、熱與氧三項要件才能燃燒。

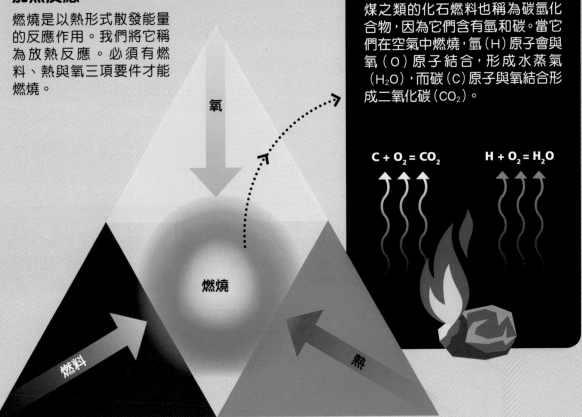

氧

燃燒

燃料

熱

煤之類的化石燃料也稱為碳氫化合物,因為它們含有氫和碳。當它們在空氣中燃燒,氫(H)原子會與氧(O)原子結合,形成水蒸氣(H_2O),而碳(C)原子與氧結合形成二氧化碳(CO_2)。

$$C + O_2 = CO_2 \qquad H + O_2 = H_2O$$

現在就試試看!

你能在家中找到化學反應的實例嗎?比方來說,爐台的瓦斯燃燒,加熱炒菜鍋,或者一台放在室外的舊單車生了鏽。把你找到的化學反應列成一張清單,看看自己能否找出產生反應的物質。別忘了,在觀察溫度較高的東西時要小心,記得請大人協助喔!

酸與鹼

有時，我們會依照酸鹼度來分類液體，這是測量液體與其他物質反應度的一種方法。酸鹼度的一端是酸，另一端則是鹼，中間分成不同刻度。

pH值

我們以pH值測量液體的酸鹼度，數值由1到14，1是強酸，7是中性，14是強鹼。強烈的酸性與鹼性物質具備強大的傷害力，足以溶解某些東西，但弱酸和弱鹼物質無害，我們甚至可食用、飲用某些弱酸物和弱鹼物。

中間是中性物質，它們既不是酸也不是鹼。

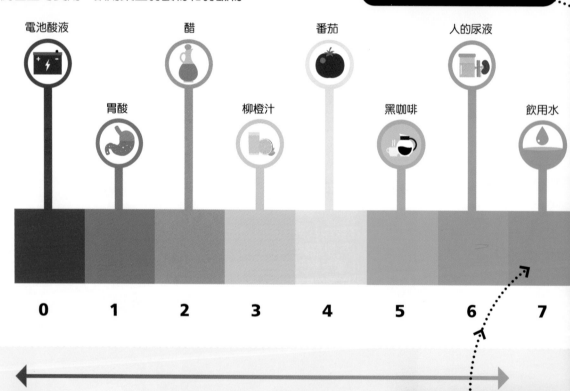

電池酸液　　　醋　　　番茄　　　人的尿液

胃酸　　　柳橙汁　　　黑咖啡　　　飲用水

0　　1　　2　　3　　4　　5　　6　　7

酸

強酸的腐蝕性很強。它們是功效強大的清潔劑，也可用來製造車用電池。在我們的胃裡也可以找到最強烈的酸性物質之一，也就是胃酸，它會分解食物。柑橘類水果和番茄則是弱酸性。

牛奶的pH值約為6.5，是非常弱的酸性物質。

混合酸與鹼

混合酸鹼物質會出現非常有趣的反應。它們會彼此抵銷，產生中和的水與鹽類，有時也會釋放出氣體。比如說，當你混合醋（酸）和小蘇打（鹼），混合物會產生氣體二氧化碳，出現泡泡。

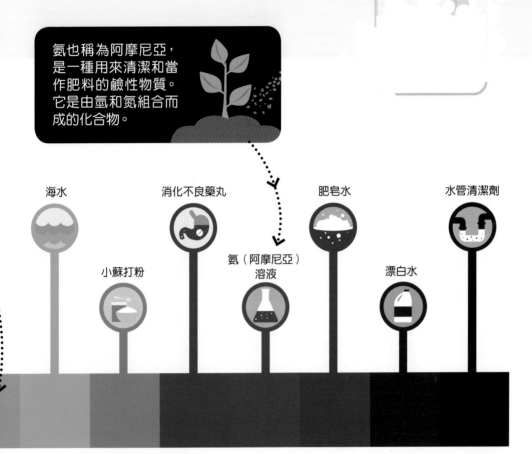

小蘇打

醋

氨也稱為阿摩尼亞，是一種用來清潔和當作肥料的鹼性物質。它是由氫和氮組合而成的化合物。

海水

小蘇打粉

消化不良藥丸

氨（阿摩尼亞）溶液

肥皂水

漂白水

水管清潔劑

8   9   10   11   12   13   14

鹼

廁所清潔劑等強鹼物的pH值約為14。如果你的胃不舒服，可以服用一顆制酸劑，它是pH值約為10的弱鹼物。水溶性的鹼稱為水溶性鹼。

金屬

週期表中絕大多數的元素（90%）都是金屬。我們平常使用的各種物品裡，常有這些用途廣泛的物質。一般來說，金屬會閃閃發亮，引人注目，有些金屬相當稀少，價值高昂。

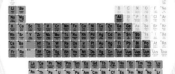

金屬

週期表

金屬主要位在週期表的左半部，從鋰和鈉等活性強的金屬，到金和銀等活性較低的金屬。

金屬的特性

金屬具有數種共同特性，包括：

閃亮
切割或打磨後，金屬會閃閃發光。

導體
金屬可以傳導電，也能傳導熱。

延展性
金屬可以彎曲、改變形狀，不會碎裂。

此外，大部分的金屬也是：

固體
金屬在室溫下是固體。

堅硬

密度高

聲音響亮
敲擊金屬時，它們會發出響亮的聲音。

水銀是種與眾不同的金屬。在室溫下，它呈現閃亮的液體狀，可以任意流動。隨著溫度變化，水銀會迅速延展或收縮，因此溫度計曾使用水銀來幫忙計溫。然而水銀具備強烈毒性，目前已不再用水銀製作溫度計。

水銀 -------

貴金屬

有些金屬非常討人喜愛，使得人們非常渴望擁有。這些貴金屬很難在地表上找到，因此非常昂貴，比如金、銀和鉑，鉑也稱為白金。

白金戒指 -----

銀幣和金幣 -----

金錶 --------

非金屬

元素表中剩下的元素，都是非金屬。它們的特性和金屬不同，絕大多數都顏色黯淡，柔軟且呈粉狀，不易導熱也不易導電。

非金屬

絕大部分的非金屬（比如氧）在室溫下都是氣體，只有一種是液體（溴），其他則是固體（比如碳）。

O₂

非金屬特性

非金屬元素有幾項共同特性，包括：

顏色黯淡

不良導體
不易傳導熱和電。

容易碎裂
它們很脆弱易碎。

非金屬還有下列兩種特性：

密度低

沒有聲響
非金屬固體不像金屬，被敲擊時不會發出響聲。

碳

碳是非金屬固體元素，可以不同形式存在。其中一個就是碳精，也稱為石墨，是一種黑色、不透明且柔軟的物質，鉛筆筆芯中常含有石墨。碳也會以鑽石的形式存在，它是極為堅硬的透明物質，常用來製作珠寶。

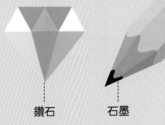

鑽石　　　　石墨

惰性氣體

週期表最右邊的直列是惰性氣體，也稱為高貴氣體。早期的科學家以為這些氣體無法與其他元素結合，因此認為它們比其他元素「更好」或「更高貴」。它們是氦、氖、氬、氪、氙和氡。

裝滿氦氣的氣球

霓虹燈

硬度

另一種分類物體的方式是硬度。我們觀察數種物體會不會在一個東西上留下刻畫的痕跡，再依序排列硬度。

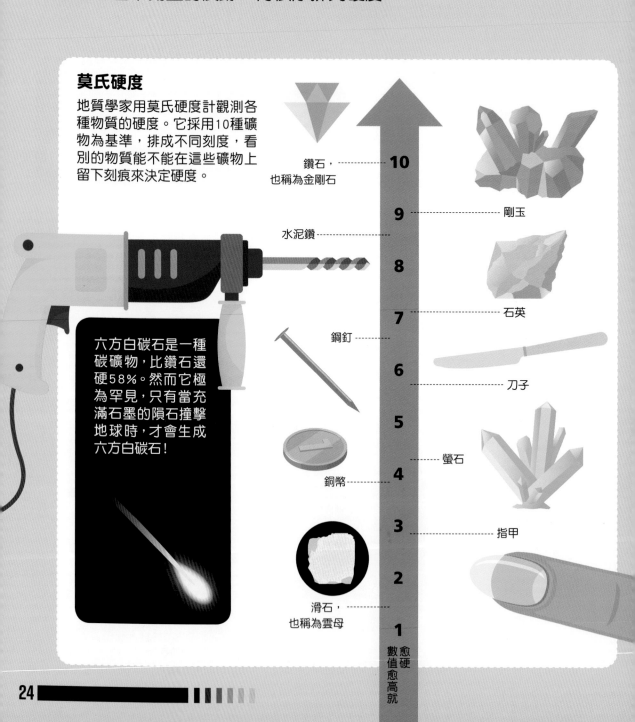

莫氏硬度

地質學家用莫氏硬度計觀測各種物質的硬度。它採用10種礦物為基準，排成不同刻度，看別的物質能不能在這些礦物上留下刻痕來決定硬度。

六方白碳石是一種碳礦物，比鑽石還硬58%。然而它極為罕見，只有當充滿石墨的隕石撞擊地球時，才會生成六方白碳石！

鑽石，也稱為金剛石 ---- 10

9 ---- 剛玉

水泥鑽 ---- 8

7 ---- 石英

鋼釘 ---- 6

---- 刀子

5

---- 螢石

銅幣 ---- 4

3 ---- 指甲

2

滑石，也稱為雲母 1

數值愈高就愈硬

可塑性與彈性

有些東西的材質非常堅硬，即使我們使盡力氣也無法改變它們的形狀。但有些材質即使彎折、扭轉也不會碎裂，它們可以維持新的形狀或彈回原本的形狀，可以再次被彎折或扭轉。

我們稱為塑膠的東西，就是種在製造過程中可塑性很高的材質。比方說，「塑膠」水桶其實具備一定彈性。

被拉開時

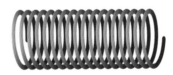

沒有外力時

被擠壓時

彈性的定義

當一個材質受到外力拉扯時會改變形狀，一旦外力消除就變回原本形狀，我們就會說它們具有彈性。

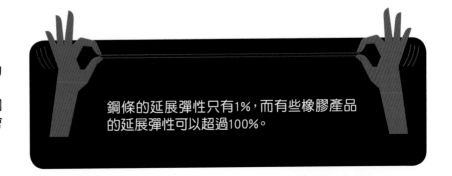

鋼條的延展彈性只有1%，而有些橡膠產品的延展彈性可以超過100%。

人造合成物

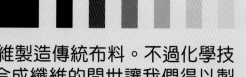

數千年來，人都以羊毛之類的自然纖維製造傳統布料。不過化學技術在過去100年有了許多進展，人造合成纖維的問世讓我們得以製造更多樣化的質料。

尼龍是史上第一種合成纖維，在1935年面世。

製造纖維

生產合成纖維時，我們先混合兩種以上的化學物質，製造出充滿纖維的線團，把它們推進稱為紡嘴或吐絲口的細小洞口。接著就會製造出長長的絲線，交纏後形成人造紗線。把它們加以編織或針織，就能縫製成衣物。

保暖衫

刷毛外套

泳褲

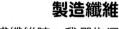
棒球帽

訓練鞋

強韌且富有彈性

合成纖維都很堅韌，有些彈性特別好，適合製造運動衣物，因為它們會緊貼身體，讓運動員移動自如，不管是自行車手還是游泳健將，都能在空氣或水中靈活運動。

防水

人造纖維非常耐用，還可加上一層防水的化學物質，不像自然纖維容易受損。

這種織品不會滲水，讓穿戴者可以保持身體乾爽。

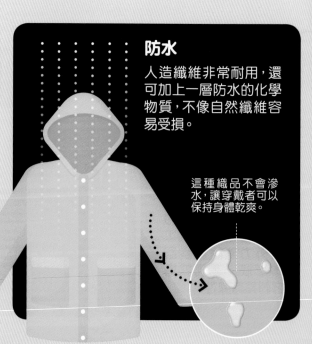

複合物

我們可以結合兩種以上的物質，創造出強韌耐用的新物質，也就是所謂的複合材料。如今，許多機器和運輸工具都由最新的複合材料製造而成，但人類早在數千年前就開始使用複合材料了。

羅馬的圓形競技場是座由混凝土建成的露天大劇場。

混凝土

混凝土是歷史最悠久的複合材料之一。它是由水泥與水將沙子或石礫組合起來的凝結體製成。古埃及人已經懂得使用簡單形式的混凝土。羅馬人非常擅常使用混凝土，建造了巨大的羅馬競技場，如今這座混凝土建築已矗立將近2,000年。

泥笆牆

泥笆是種古老的複合材料，最早可追溯到1,500年前。它是由編織而成的格柵（籬笆）為骨架，再以泥漿覆蓋成牆，泥漿的原料通常是溼泥或黏土。

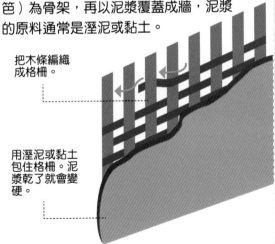

把木條編織成格柵。

用溼泥或黏土包住格柵。泥漿乾了就會變硬。

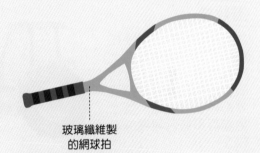

玻璃纖維製的網球拍

玻璃纖維和碳纖維

這兩個都是近代發明的材料，它們由微小的玻璃或碳絲線組成，外面再由塑膠包覆。將纖維排列成同一方向，就承受得了同一方向的拉力，不會斷裂。只要將這些纖維層層疊起，就能製造出超級堅固的材質，抵擋得了來自各種方向的力量。碳纖維和玻璃纖維既輕盈又強韌，是運動器材的理想材料，例如，它們很適合用來製造競速賽船和網球拍。

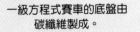

一級方程式賽車的底盤由碳纖維製成。

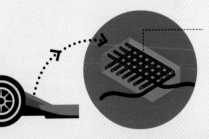

碳纖維就跟泥笆牆的格柵一樣，彼此交錯，織成網狀。

運用自然資源

太陽和地球提供我們各式各樣的原料和能源，讓我們得以建造供人們生活的鄉鎮與城市，提供超過70億人的糧食。然而，這些自然資源並非永遠用不完。如果我們以現在的速度使用它們，很快地，有些資源會永遠消失。

農牧業

農作物和牲畜必須要在灌溉良好的肥沃土地上才能生長。然而不當的農牧行為和氣候變遷現象都會破壞土地，讓土地變得不適合耕種或畜牧。

我們得耗費超過15,000公升的水，才能生產出超市貨架上1公斤的牛肉。

水

我們需要水才能生存，有了水才能種植和養育供人類食用的植物和動物。然而，地球上適合飲用的水其實非常稀少（見92~93頁），我們必須耗費非常多的能源，才能得到符合安全飲用標準的水。

礦物

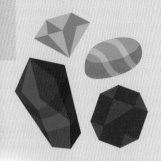

我們日常生活使用的許多物品，都是由從地底挖出的礦物製造。從我們用來建造房屋的磚塊和岩石，到我們隨身攜帶的手機等電子產品裡的化學物質，其實都來自礦物。

再生資源

地球有許多用之不盡的能源，包括風、潮汐和陽光。以前，要利用這些資源製造電力，成本非常高昂。不過近年的科技發展降低了成本，也降低了有害的碳排放量。

回收

回收用過的物品和材料，能減緩我們消耗自然資源的速度。回收也可以阻止有污染性的物品破壞環境。

廚餘

塑膠

紙類

玻璃

第二章

能

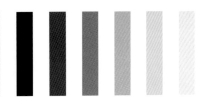

能是能量，它散佈在我們四周，讓物體移動、發光、變熱或改變。物體也會儲存能量，時機一到就釋放能量。

儲存能量的形式

能量可透過許多方式儲存在物體中：

磁能

相吸的兩端被拉開時，或者相斥的兩端被推近時，都會儲蓄磁力。

化學能

分子內讓原子凝聚在一起的能量。

內能（熱能）

物質內的總能量，通常是因粒子振動而產生。物體溫度較低時，粒子振動的速度較慢；物體較熱時，粒子振動的速度較快。

動能

移動中的物體所儲蓄的能量。

核能

原子核內存有的能量。

靜電能

相吸的電荷被拉開，或相斥的電荷被推在一起時，所儲蓄的能量。

彈性位能

彈性物體被拉開或推擠，以致形狀改變時所儲蓄的能量。

重力位能

當物體被抬高時所儲蓄的能量。

每個物體和物質內的粒子都會振動（固體）或移動（液體或氣體）。這就是熱能。粒子振動得愈強烈，這個物體或物質擁有的熱能就愈多，不管是一杯冷飲裡的冰塊，還是熾熱的恆星核心，都是如此。

測量熱度

溫度是量測一物體的粒子振動速度，也就是該物體動能的工具。我們以攝氏溫標（℃）作為計量單位。一個物體的溫度，呈現其中所有粒子的平均動能。

絕對零度是最低溫度，沒有比它更低的溫度。在絕對零度，組成物質的所有粒子都停止振動，也就是說它沒有熱能。絕對零度是**攝氏-273.15度。**

感熱

溫度沒有低到絕對零度時，粒子會有各種行為，會根據粒子的結構和溫度改變狀態（請見10~11頁）。溫度很高時，原子會徹底分裂，產生奇特的次原子粒子。我們測量到的最高溫度是攝氏4兆度（4後面總共有12個零！）。這個紀錄是在美國紐約的布魯克黑文國立實驗室觀測到的。

傳熱

熱可以從一個地方傳遞到另一個地方，從一個物體傳遞到另一個物體上。
熱可以透過三種途徑傳遞。

傳導：兩個粒子接觸時，熱能會從一個粒子傳到另一個粒子上。熱能會從比較熱的地方傳向比較冷的地方，比如從鍋子傳到手把上。

對流：流體（氣體與液體）才會出現對流。一部分的流體受熱時，密度會比周圍的流體低，因此往上升。上升時，溫度也漸漸下降，往周圍擴散，最終再次下沉，並再次受熱，形成對流。

輻射：輻射不需要粒子就能傳遞。能以不可見的輻射形式移動（見40-41頁）。來自太陽的能量以輻射形式穿越真空的太空。

原子非常微小卻內含龐大的能量。這個能量可以把電力送到住家，就連燃燒的恆星也是從原子中獲得能量。

核衰變

有些原子非常不穩定，會隨時間而分裂或衰變。原子分裂時會以三種形式釋出放射能，分別是微小的原子（阿伐粒子）、電子（貝他粒子），或能量波（伽馬射線）。

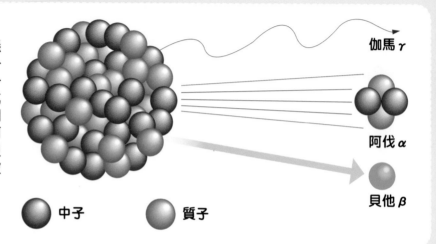

伽馬 γ

阿伐 α

貝他 β

中子　　　質子

核分裂

原子核由大量的能量聚合而成。把原子核分開時會釋放出這些能量，這個過程就叫做核分裂。我們將極為細小的中子射向一個大原子的原子核，比如鈾，讓它分裂，釋放出能量和更多的中子。這個過程會形成連鎖反應。

分裂

核融合

太陽的中心深處，龐大的壓力將許多原子核擠在一起，讓它們形成更大的原子核。這就是核融合，會以光和熱的形式釋放出極大的能量。

融合

核能發電廠

核能發電廠利用核分裂釋放的能量把水加熱，水化為水蒸氣推動發電機，產生電力。

波的生成

能量會以波的形式從一處傳遞到另一處，包括池塘中的漣漪和穿越空間的光都是波。

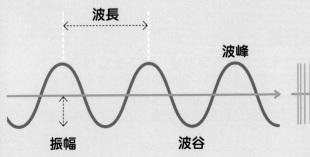

橫波（高低波）

橫波的振動方向與能量來源路徑垂直，波移動時會形成波峰和波谷。

縱波（疏密波）

縱波的振動方向與能量移動的路徑相同或平行。它們形成壓縮區段和伸展區段，正如橫波的波峰和波谷。

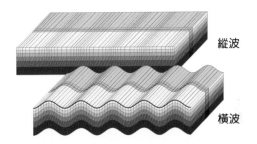

地面晃動

組成地殼的板塊突然移動時，就會造成地震。地震釋放的能量同時以橫波及縱波在地面傳送。

縱波

橫波

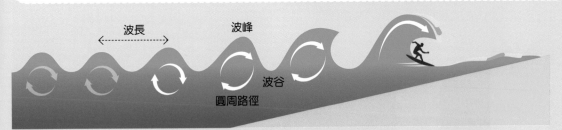

水波

把一顆石頭投入水池，或當風吹動水面時，釋放出的能量會從擾動中心往外擴散，形成水波。水粒子本身不會隨波移動，而是循圓形路徑移動，產生一股移動的能量波。

現在往四周瞧瞧，你就會看到行進中的光。光讓你看到五顏六色的事物，從明亮閃耀的物體，到昏暗深沉的區域。

透明與不透明

光可以直接通過如清玻璃等物體，而不會受到干擾，因為這些物體是透明的。有些物體無法讓光穿透，它們會吸收或反射所有光線，我們稱它們為不透明物體。只會讓部分光通過的物體，稱為半透明物體。

黑暗之中

光線被不透明物體擋住時會出現黑暗區塊，我們稱它為陰影。陰影的中央區域叫做本影區或全影區，通常是完全黑暗。本影周圍角落比較淺的區塊，稱為半影區。

影子最黑的地方是本影區，這是光源完全無法觸及的區域。

影子比較淺、部分光源可觸及的區域稱為半影區。

光源

會發出亮光的物體稱為光源，它們製造光的方式各不相同。燈泡透過電力發光，蠟燭則靠燃燒蠟而發光。太陽靠核反應發光，有些動物，比如螢火蟲，則會藉由結合體內的化學物質來發光。

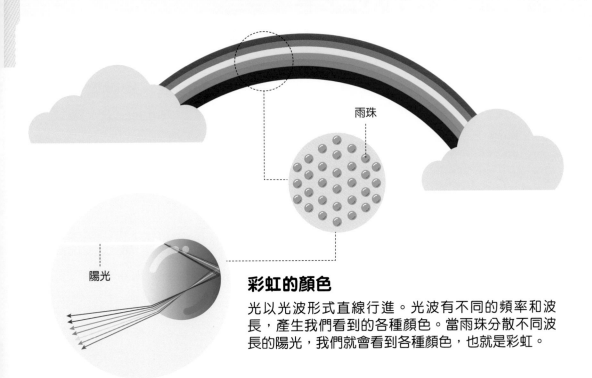

雨珠

彩虹的顏色

光以光波形式直線行進。光波有不同的頻率和波長，產生我們看到的各種顏色。當雨珠分散不同波長的陽光，我們就會看到各種顏色，也就是彩虹。

陽光

偵測光線

你用雙眼偵測光線。光線進入你的眼睛，直到眼睛後方的感光區，也就是視網膜。視網膜上佈滿了特殊細胞，光一射到它們，它們就會向你的大腦發送訊息。大腦解讀這些訊息，組成圖像，讓你看到身邊的世界。視網膜上的影像其實是上下顛倒的！幸好大腦會把這些圖像轉正。

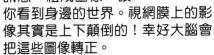

光

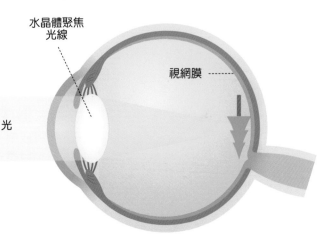

水晶體聚焦光線

視網膜

光的移動速度非常快，**每秒可行進3億公尺**，只需要8分鐘，光就能從太陽行進1億5千萬公里，抵達地球。

反射與折射

光以直線行進,但若遇到物體或不同材質,光的行進路線就會受到影響。物體可能會讓光往不同方向彈跳,或者彎曲光的路徑,產生扭曲的影像。

彈跳

金屬或鏡子等光亮表面,都會讓光彈跳或反射。朝鏡子行進的光稱為入射光線,彈跳開的光稱為反射光線。入射光線和鏡子形成的角度稱為入射角,在一片平坦的鏡子上,入射角會等同於反射角。

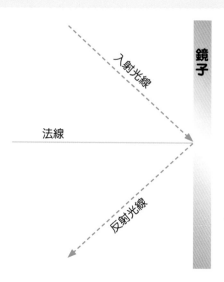

法線

入射光線

反射光線

鏡子

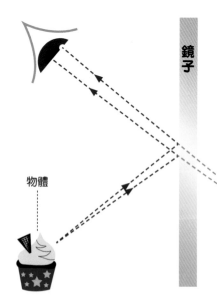

物體

鏡子

形成影像

反射光從鏡子射出時,產生一幅好似來自鏡子後面的視覺影像。在平坦的鏡子上,看起來位在鏡子後面的物體影像,會和鏡子前的物體距離相等。

看起來位在鏡子後方的物體影像,它與鏡子的距離,等同於實際物體和鏡子間的距離。

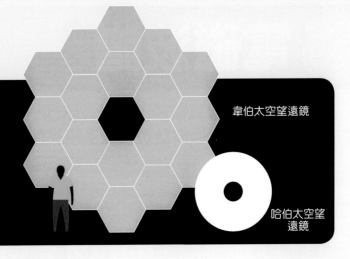

韋伯太空望遠鏡的主鏡由18面鏡片組成，每一片都能獨立調整，可產生極為清晰的影像。主鏡直徑長達6.5公尺。相比之下，哈伯太空望遠鏡的主鏡直徑只有2.4公尺。

韋伯太空望遠鏡

哈伯太空望遠鏡

彎曲光線

光線從一個物質通過再到另一個物質時，比如從空氣穿過玻璃，此時光線就會轉彎，也就是折射。只要把鉛筆插入水杯中，你就能觀察到折射現象。水杯中的鉛筆看起來好像斷成兩截，因為光線必須先穿過水、玻璃和空氣，才會抵達你的雙眼。

凹透鏡

放大光線

只要排列數片玻璃，就能讓光以不同方式折射，產生聚焦清晰的放大影像。凸透鏡（鏡片兩側往外凸出）會讓光線集中。放大鏡和望遠鏡都用凸透鏡製造。凹透鏡（鏡片兩側往內縮）會讓光線發散。有些眼鏡鏡片（近視）就使用凹透鏡製作。

凸透鏡

以重力彎曲光線

黑洞的重力非常強大，足以彎曲從它們後方物體傳來的光線，這就是重力透鏡效應，會讓遠方物體產生扭曲甚至多重的影像。

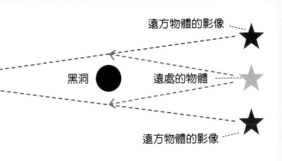

遠方物體的影像

黑洞　　遠處的物體

遠方物體的影像

電磁波譜

我們看到的光線其實只占電磁波譜的一小部分。人類看不到電磁波譜中大部分的波，但你身邊有很多物品都使用這些看不到的電磁波。

完整波譜

位在電磁波譜不同區段的能量，波長都不一樣，其中含括長波長的無線電波，到波長很短的伽馬射線。

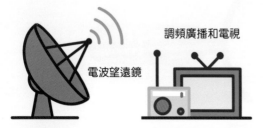

電波望遠鏡

調頻廣播和電視

行動通信
基地台

電視搖控器

無線電波

無線電波的波長從數公釐到數千公里不等。天文學家使用無線電望遠鏡偵測遙遠物體發散的無線電波，我們也會用無線電波發送傳遞到地球各處的訊息。

微波

我們用微波加熱食物，我們手上的行動電話也用微波向附近的基地台傳送訊號。

紅外線

溫暖的物體會散發紅外線。電視遙控器使用的也是紅外線。

無線電波　　　　　　　　　　　　微波　　　　　　　　　　　　紅外線

電磁波譜這一端的波
具有很長的波長，
有的甚至可逼近
10萬公里。

可見光

人類的眼睛可看到電磁波譜這一區間的光。

許多行動電話的照相機可以看到人眼看不見的紅外線。如果你把手機相機對準電視搖控器，並按下搖控器按鈕，就能看到閃爍的紅外線。

太陽

X光儀
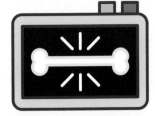

放射性物質
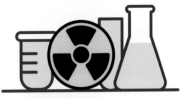

紫外線
太陽會射出紫外線。這種能量會破壞皮膚細胞，但只要有穿衣服、戴太陽眼鏡或擦防曬產品，就能阻絕紫外線的傷害。

X光
X光可穿透你身上的柔軟組織，但會被牙齒或骨骼等堅硬部分吸收或反射。我們透過X光看到人的體內，檢查斷骨或其他身體問題。

伽馬射線
這一部分的電磁波具有高能量，溫度很高和活躍的物體會發散伽馬射線，比如脈衝星和黑洞。

紫外線　　　　　　X光　　　　　　伽馬射線

電磁波譜這一端的波的波長很短，甚至可短達

兆分之一公尺

（1皮米）。

聲音

世上有各式各樣的聲音，從收音機放送的音樂到公車駛過的隆隆聲都包含在內。聲音是縱向波，可以穿過固體、液體、氣體，最後進入你的耳朵，你的耳朵再把聲音轉化為訊號，送到腦部。

分貝表

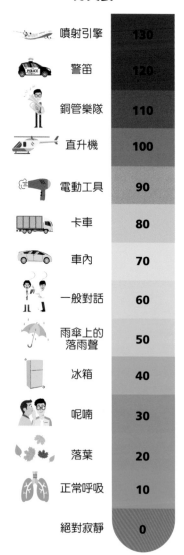

	分貝
噴射引擎	130
警笛	120
銅管樂隊	110
直升機	100
電動工具	90
卡車	80
車內	70
一般對話	60
雨傘上的落雨聲	50
冰箱	40
呢喃	30
落葉	20
正常呼吸	10
絕對寂靜	0

音量

音量指的是聲音大小，也就是它的振幅。在波圖中，音量指的是波峰高度（或是波谷深度）。波峰愈高，聲音就愈大。

音量漸大

我們以分貝為單位，測量音量大小。

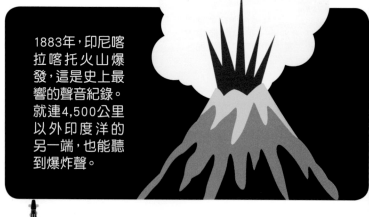

1883年，印尼喀拉喀托火山爆發，這是史上最響的聲音紀錄。就連4,500公里以外印度洋的另一端，也能聽到爆炸聲。

低音提琴的音調很低。

小提琴的音調很高。

音調

音調指的是聲音的高低。我們透過聲音頻率，也就是每秒的振動次數，來測量聲音高低。高頻率聲音的音調比較高，低頻率聲音的音調比較低。聲音頻率的單位是赫茲（Hz）。

音速

聲音的行進方式是將振動能量從一個分子傳到下一個。聲音在真空中無法行進，而且聲音穿越固體的速度最快，穿越氣體的速度最慢。

在海平面，聲音穿越空氣的速度是**每秒323公尺**，在水中則是**每秒1,481公尺**，在鑽石中則是**每秒12,000公尺**。

音質

聲音的特質也稱為音品或音色，指的是讓聲音獨一無二的特點。這就是為什麼鐘聲和小提琴聲，貓叫聲和火車聲都大不相同。

用聲音看世界

有些動物透過聲音偵測身邊的物體。海豚和蝙蝠製造超音波（音調太高以致人類聽不見的音波），超音波一碰到獵物，就會反彈回來，產生回音。動物們經由聆聽這些回音，估計獵物的位置、方向和移動速度。

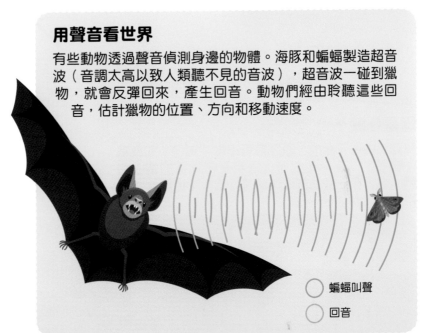

○ 蝙蝠叫聲
○ 回音

聽覺範圍

人類能聽到的聲音範圍很廣，從低音到高音都聽得見。但有些動物的聽覺範圍比人類更廣，可以感知更低頻或更高頻的聲音。

音頻範圍（以赫茲為單位）：

0	40,000	75,000	100,000	150,000

人類 64~23,000

狗 67~45,000

大象 16~12,000

海豚 75~150,000

蝙蝠 2,000~110,000

電讓天空出現閃電，也讓家裡的燈泡發光。強烈的閃電足以造成嚴重危害，但我們已學會如何善用電力來照亮家園，帶來暖氣，同時用電提供車輛和機器動力。

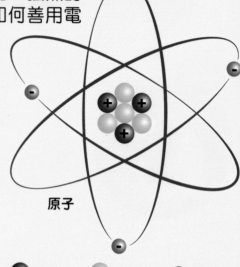

原子

電是什麼？

萬物都由原子組成，原子帶有正電（質子）和負電（電子）。電荷改變時，通常是帶負電的電子移動，或者在一個地方增加電荷，就會產生電。

⊕ 質子　　　　○ 中子　　　　⊖ 電子

閃電

靜電和閃電

當一個地方的電荷增加，就會產生靜電。風暴雲中，冰粒間的移動和摩擦都會產生電荷。電荷夠大時就會產生閃電。

一道閃電的能量可高達

50億焦耳——

足以供應一棟房子一個月所需的電力。

用氣球摩擦毛衣會增加氣球的靜電荷，就會產生靜電。拿著氣球摩擦你的頭髮，氣球的電荷會促使你的髮絲產生相異的電荷，因此你會發現頭髮豎了起來。

導電體和絕緣體

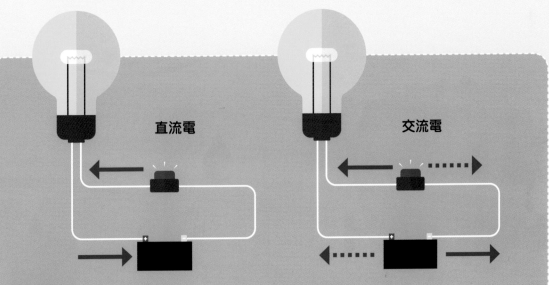

橡膠絕緣體　　　銅絲

電能輕鬆通過某些材質，比如金屬。這些材質稱為導電體，常用來製造電器用品和小型裝置的零件。塑膠之類的材質則會阻斷電的傳輸，它們是絕緣體，常用來包裹電線。

直流電　　　　　交流電

跟隨電流

電子移動形成電流。導電體必須組成完整的環路，也就是電路，電才能流動。電流可經由兩種方式流過電路，一是朝單一方向流動，也就是直流電（簡稱DC），或者讓電子在一秒內來回流動許多次，也就是交流電（簡稱AC）。

發電

我們的家庭和工廠中滿是各式各樣的裝置和機器，有了電，它們才能順利運轉。發電廠利用各式各樣的能源來發電。

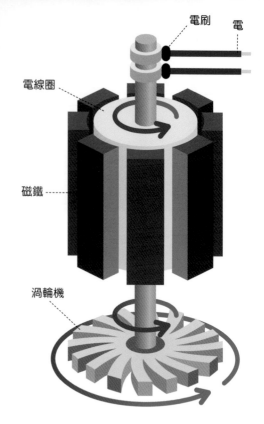

電刷　電

電線圈

磁鐵

渦輪機

發電機

我們通常使用一種稱為發電機的大型機器來產生電。當大型電線圈在磁場內旋轉，會產生一道電流。我們將空氣、水蒸氣或水推進一個渦輪，也就是一個裝了葉片的轉輪，讓線圈不斷旋轉，持續產生電流。

煤

石油

瓦斯

化石燃料

石油、煤和瓦斯都屬於化石燃料，燃燒化石燃料會釋放大量的熱能。我們用這些熱將水煮沸變成水蒸氣，讓渦輪不斷轉動。但燃燒化石燃料會產生大量的二氧化碳，造成氣候變遷。

太陽能發電

我們可以透過兩種方式用太陽能發電。光電（簡稱PV）電池可直接將陽光轉變為電力。聚光型太陽能則透過鏡片或鏡子集中陽光，加熱水或其他液體，好推動渦輪。

地球在1小時內從太陽接收到的能量，超過全人類一整年使用的能源。

風力發電

風推動巨大的風車，有些風車葉片的長度超過50公尺。許多大型風力發電機都位在海上。

核能發電

在核反應爐的中心或核心中進行核分裂反應（請見34頁），會釋放出熱能，把水變成水蒸氣，使渦輪轉動。

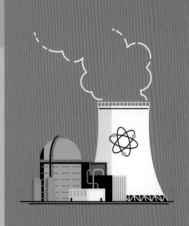

水力發電

水力發電利用水的流動產生電力。我們能利用不停流淌的河流，也可以讓水庫的瞬間排水流進渦輪系統，或利用每天的潮汐漲落。

蓄電

電池儲存電力，讓我們隨時可以用電。電池藉由化學物質蓄電。當化學物質產生反應，就會製造電力，釋放能量。

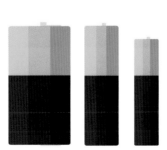

美國加州建造了一座巨大電池，它是世上最巨大的電池之一。蓋特威計畫儲存2億5,000萬瓦電力，足以供給多達

15萬戶家庭

用電1小時。

能源

地球上住了超過75億人口，需要龐大的電力，我們對電的需求也愈來愈大。然而有些發電方式製造的污染比較多，我們必須減少它們對環境造成的影響。

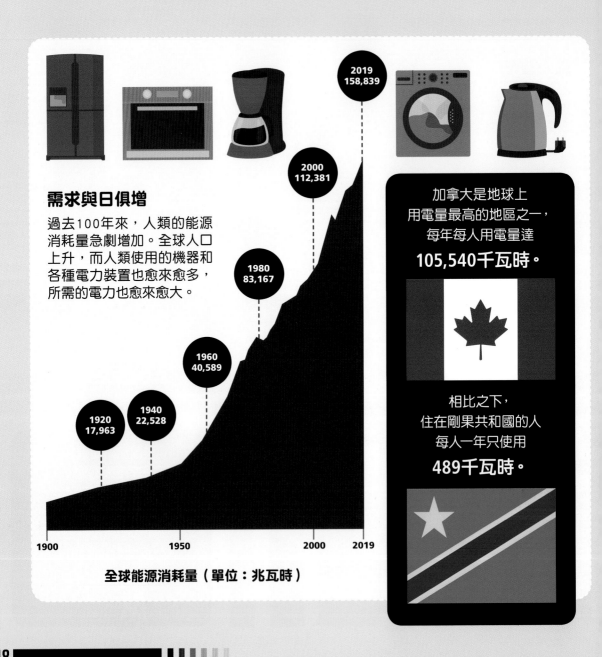

需求與日俱增

過去100年來，人類的能源消耗量急劇增加。全球人口上升，而人類使用的機器和各種電力裝置也愈來愈多，所需的電力也愈來愈大。

2019
158,839

2000
112,381

1980
83,167

1960
40,589

1940
22,528

1920
17,963

1900　　　　1950　　　　2000　2019

全球能源消耗量（單位：兆瓦時）

加拿大是地球上用電量最高的地區之一，每年每人用電量達

105,540千瓦時。

相比之下，住在剛果共和國的人每人一年只使用

489千瓦時。

初級能源需求

目前化石燃料仍然負責供應80%全球能源需求。

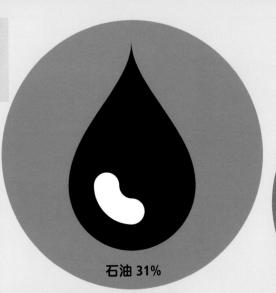

石油 31%

煤 26%

瓦斯 23%

根據估計，
地球剩餘的石油存量
只能供人類再使用

50年。

核能 5%

生質能源 4%

其他再生能源
10%

化石燃料

化石燃料來自數百萬年前的動植物殘骸。石油、煤、天然氣和泥炭都屬於化石燃料。這些能源大部分位在地下或海床下，我們必須建造礦場和海上平台，才能將它們運送到地面。使用化石燃料會釋放非常多的溫室氣體到大氣層，科學家認為這是全球暖化的主因之一。

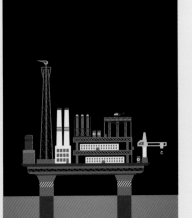

微型發電

全球各地有許多家庭和辦公大樓安裝太陽能板和小型風力渦輪機，進行小規模的發電。地源熱泵則利用地下熱能為房子供熱。

第三章

力

力是什麼？

力是一個物體受到的推力或拉力，這些力具有方向性。力可以讓物體的移動速度變快或變慢，改變物體的形狀，甚至摧毀整個物體。你不一定看得到它，但你看得到也感覺得到身邊各種力引發的效果。

你身邊的力

重力與重量

你隨時隨地都受到重力影響。地心引力把你往下拉，讓你得以站在地面，你的體重也因此而來。

電磁

所有帶電粒子都會受電磁力影響。電磁力控制電、磁和光。電磁力會讓粒子相吸或相斥。

原子中的力

每個原子的原子核都仰賴強大的力才能聚合在一起。原子彈爆炸時或核電廠反應爐內，都會釋放這些力量。

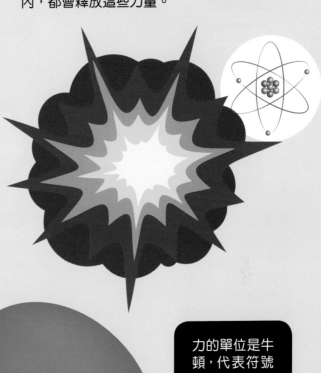

力的單位是牛頓，代表符號是N。

力的作用

當力推向一個物體時，另一個力會從反方向回推。一個物體通常同時受到數種力作用。這些力可以結合在一起增強效果，也可能會彼此抗衡。

平衡力

當兩股大小相當的力朝相反的方向作用，它們會抵銷彼此。我們稱它們為平衡力。力達到平衡時，靜止的物體會維持不動，而移動中的物體會以相同速度朝相同方向前進。桌上的書受到重力往下拉，但桌子以同等的力回推。

不平衡力

當兩股力大小不同，朝相反方向作用，就會形成不平衡力。兩種力的大小差稱為合力。原本靜止不動的物體會按合力的方向移動，而原本移動中的物體會改變移動速度或方向。我們騎單車前進時，必須使出足夠的力氣對抗反方向的力，比如摩擦力和空氣阻力，才能往前移動。

牛頓定律

英國科學家艾薩克·牛頓爵士（1643~1727）發展了三大運動定律。

火箭下方噴射的氣體把火箭推向天際。

第一定律

除非受到外力，不然靜止的物體會維持不動，移動中的物體會穩定地以直線移動。

第二定律

當物體受到外力影響，物體會改變移動速率，這稱作加速。

第三定律

每個力都有相等反作用力。

轉動力

當我們對一個連接到樞軸的物體上施力，物體就會繞著樞軸，隨力的方向轉動。這個轉動力就稱為力矩。我們可將力的大小乘以離樞軸的距離，計算力矩的大小。在離樞軸較遠的地方施力，其力矩比離樞軸較近的力矩要大。比如，扳手增加了力離樞軸的距離（螺帽繞螺栓轉動）。這樣一來，扳手就增加了轉動力。

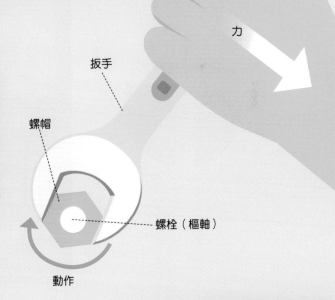

力

扳手

螺帽

螺栓（樞軸）

動作

重力

重力也稱為引力，是物體間相吸的力。所有的物體，包括微小的電子，都具有引力。物體的質量愈大，引力就愈強。

變重

地球重力把你的身體質量往下拉，產生重量。重力讓物體以每平方秒9.8公尺的加速度朝地球中心墜落。

當你離某個物體愈遠，你與那個物體間的引力就愈小。

秘魯瓦斯卡蘭山　　　北冰洋

地球重力會隨你的所在位置而變化。北冰洋是地球上重力最大的地方，秘魯的瓦斯卡蘭山則是地球上重力最小的地方。如果你在這兩個地方，都從100公尺的高度丟下一個物體，北極的物體會比在秘魯的相同物體快16毫秒落到地面。

太空中的重量

太陽系每個行星的質量都不同，也就是說它們的重力大小都不同。

水星重力：
380牛頓

金星重力：
910牛頓

月球重力：
170牛頓

木星重力：
2,530牛頓

土星重力：
1,070牛頓

天王星重力：
910牛頓

海王星重力：
1,140牛頓

火星重力：380牛頓

一個在地球上的重量是1,000牛頓的人，
在太陽系其他行星上的體重依序如上。

太空中的重力

重力讓太陽系的行星都循著軌道繞太陽旋轉。少了太陽的重力，所有行星都將以直線飛離。重力讓星球都以橢圓形路徑行進，這個路徑看起來就像個壓扁的圓。愈靠近太陽的行星，繞行的速度就愈快，不然它們會掉進太陽裡。離太陽較遠的行星，繞行的速度比較慢，不然它們就會朝太空飛去。

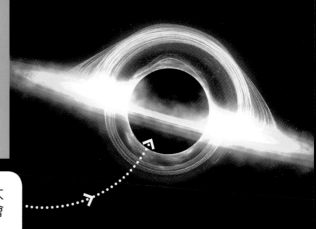

黑洞的質量非常龐大。它們的重力太強了，沒有東西逃得掉，就連光也會被吸進去！

當一個物體推向另一個物體，就會產生壓力。如果你增加推力，壓力也會增加。

計算壓力大小時，我們會將力除以受力面積。

$$壓力 = \frac{力}{受力面積}$$

當力的大小不變，受力面積卻比較大時，壓力就比較小；受力面積較小時，壓力就比較大。

改變壓力

足球員的球鞋底下都有鞋釘，好增加抓地力。鞋釘的施力面積小，有助於增加壓力，讓鞋釘陷入地面，防止球鞋滑動。滑雪者的腳上穿了長雪板，雪板的面積大，能減少壓力，讓滑雪者在雪地上不會陷下去。

面積小＝壓力較大

面積大＝壓力較小

氣壓

你可能從未注意到，但地球的大氣一直壓在你的身上，產生氣壓。當你處在海拔高的地方，氣壓比較弱，因為位在你上方的空氣比較少，下壓的力量較輕。

聖母峰頂端的氣壓，只有海平面氣壓的33%。

深海壓力

當你沉到海底，上方的海水都會壓向你。你潛得愈深，水壓就愈大。活在深海中的動物都必須承受比海面多達數百倍的壓力。

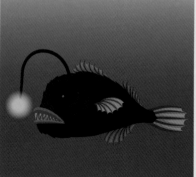

摩擦力

兩個物體摩擦時，會產生摩擦力。摩擦力與物體移動的方向相反。摩擦力讓物體難以移動，當摩擦力夠大時，可以阻絕一切動作。

善用粗糙

一個物體能產生多大的摩擦力，端看它的材質和粗糙程度而定。粗糙的材質會比平滑的材質產生更多摩擦力。我們可以利用摩擦力的原理，製造實用的抓力。在結冰的地面上，橡膠鞋底的抓地力比較好，而煞車墊產生的摩擦力能幫助車子或單車減速。

追求滑順

摩擦力常帶來一些難題，有時我們得耗費很多力氣才能抵銷摩擦力。我們可以使用油或水之類的潤滑劑來減少摩擦力。在兩個物體表面之間添加潤滑劑，有助於減少兩者間的摩擦力。

空氣阻力

圍繞在你四周的空氣，由眾多微小粒子組成。人體穿過這些微粒時，會產生稱為空氣阻力或曳力的摩擦力。交通工具設計師研發各種不同形狀的汽車、單車和卡車來減低阻力的影響，讓它們在空氣中更順暢地行進。

漂浮與下沉

為何巨大的船隻可以漂在海面上，但一顆小小的石頭卻會沉到水底？你有想過這個問題嗎？有種力叫做浮力，浮力大小決定物體會下沉還是浮起。

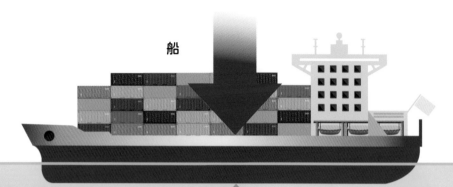

船

平衡

物體下水時，自身的重量會往下壓，讓物體往下沉，並且推開同體積的水，取代水的位置。與此同時，被推開的水會往上推向物體，產生向上的浮力，浮力相當於這些水的重量。當浮力等同於物體的重量，物體就會浮起。這就是為什麼船會浮在水面。

重量　浮力

石頭

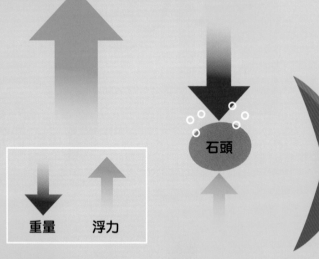

東方香港號是史上最大的貨櫃船。它的船身逼近

400公尺長，59公尺寬，

滿載排水量高達

257,166公噸。

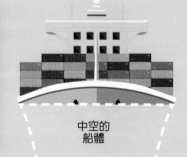

中空的船體

船體中空

船體的內部中空，即使船上載滿了巨大的貨櫃，依然比船身取代的水量輕。

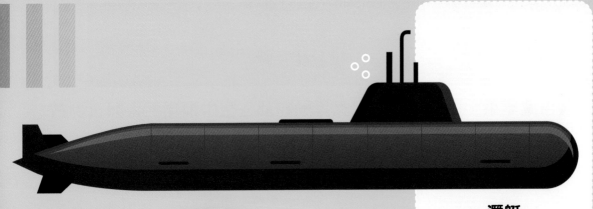

潛艇

潛水艇的船體設有數個特製的箱槽,只要往裡面充氣,降低船身密度,就能在水中往上浮。要下沉時,就將水打入這些箱槽,讓潛艇密度增加。

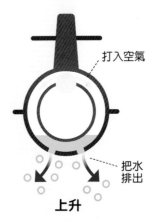

打入空氣

把水排出

上升

把空氣排出

把水往內吸

下沉

魚

許多魚類身上都有稱為魚鰾的小囊袋。當魚鰾充滿空氣,魚身密度降低,魚就會上浮。魚把空氣擠出魚鰾時,魚身的密度會增加,魚就可以往下沉。鯊魚之類的魚種沒有魚鰾,牠們利用魚鰭在水中上下游動。

載重船舶吃水線

載重量愈重,船身在水上的下沉幅度就愈大。海上航行的船隻,船舷都有條特別的記號,叫做吃水線,顯示船的安全載重量。

熱帶淡水載重線

熱帶載重線　夏季淡水載重線

夏季載重線　B O V

冬季載重線　BV必維國際檢驗集團

飛行

數百萬年來，鳥、蝙蝠、昆蟲等動物都在空中飛翔。人類直到數百年前才開始挑戰飛行，搭乘創意十足的飛行器飛向天空。

暖空氣

冷空氣

熱氣球

比空氣更輕盈

人類一開始用熱氣球飛行。熱氣球有一個稱為氣囊的大袋子，裡面裝了一個燃燒器來加熱氣囊內的空氣。當氣囊裡的空氣變熱，氣囊會漲起來，裡面的空氣密度變得比外面的空氣密度低，氣囊就會上升，把整個熱氣球和下方籃子的乘客拉向天空。

氫氣和氦氣比空氣輕。把這兩種氣體打進大袋子中，袋子就會浮在空中。飛船一開始是使用充滿氫氣的氣囊飛行，但氫氣非常不穩定，很容易引發爆炸。經歷一連串可怕意外後，包括1937年的興登堡飛船事件，飛船終於停止使用氫氣。現代飛船和軟式氣艇都使用比較安全的氦氣。

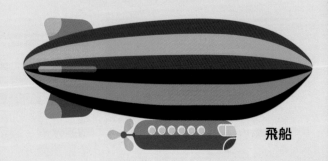

飛船

翅膀怎麼運作？

鳥、昆蟲、蝙蝠和飛機有一個（不如說一對）共同特徵：翅膀。這些水平延展的翅膀，它們的後端都比前緣朝下偏一些。這個偏角稱為攻角。在空氣中移動時，翅膀讓空氣朝下流動，產生一股向上的力量，把翅膀往上推，這就叫做升力。

升力

攻角

翅膀

氣流往下偏

利用空氣

翱翔的鳥兒和沒有引擎的滑翔機，都藉由上升的熱氣流順勢升空。熱氣流是比附近空氣溫度高的氣柱。熱氣流往上時，會帶著鳥兒和滑翔機一起上升。

主旋翼製造升力

旋轉翼

許多飛機的機翼是固定的，而直升機則是藉由旋轉翼飛行。旋翼旋轉時會產生升力。因此直升機不用往前飛就可直接上升，而且可以在空中盤旋。

直升機的後旋翼保持穩定度

車子的尾翼

有些強調速度的車型也有翅膀，但它們不會讓汽車往上飛。這些車子的翅膀的角度前低後高。當車子穿過空氣，車子的尾翼會把空氣往上推，產生稱為下壓力的力量。下壓力把車子往柏油路或賽車道推，增加車子的抓地力。

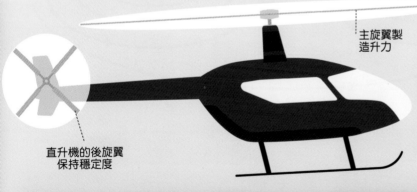

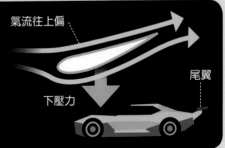

氣流往上偏

尾翼

下壓力

帶磁性的物體有股可以吸引或推開其他物體的力量。

磁場

磁鐵有兩極,一端是指北極(N),另一端是指南極(S)。磁鐵周圍的空間稱為磁場,在這個空間裡,磁鐵會對其他有磁性的東西產生作用。

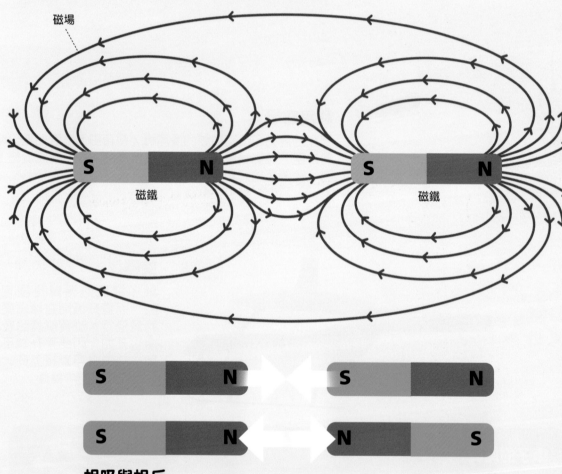

磁場

磁鐵　　　　　　　　　　　　磁鐵

相吸與相斥

當你把兩塊磁鐵擺在一起時,會發生很有趣的現象。兩個相反的磁極(一個指北極和一個指南極)靠近時,它們會彼此吸引相拉。但當兩個相同的磁極(兩個指南極或兩個指北極)靠近時,它們會相斥,把彼此推離。

地球的磁性

我們的地球深處有個地核，它是個不斷攪動、非常炎熱的鐵核。這個翻攪的動作把地球變成一個巨大的磁鐵，形成圍繞地球的廣大磁場。

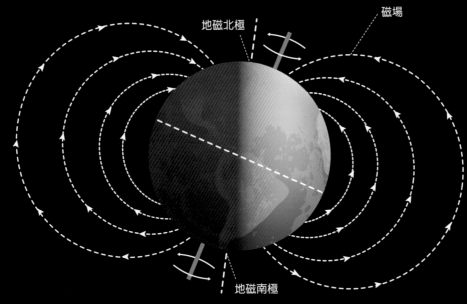

磁場

地磁北極

地磁南極

地球的磁極

地球就像所有磁鐵一樣，有兩個磁極，稱為地磁北極和地磁南極。你可以用羅盤偵測地球的磁場。羅盤的磁針會旋轉，對正地球的磁場，指向地磁南北極。

地球的保護層

地球磁場保護地球，避免太陽的有害輻射傷害我們。地球磁場讓這些輻射偏離，但在兩個極區，磁場會往下探，將輻射匯集到地球表面。輻射進入大氣層時會與空氣粒子產生作用，創造出閃亮的光芒，也就是極光。

創造磁鐵

你只要用磁鐵朝同個方向摩擦某個物體，就能讓它帶有磁力。與磁鐵摩擦，會讓這個物體內的粒子朝同一個方向排列。

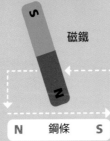

S

磁鐵

N

N　鋼條　S

電流周圍都有磁場。當電通過電線圈，就會產生磁場。電流一旦消失，磁場也隨即消失。

簡單的機械

我們利用各種機械裝置，讓工作變得簡單。下面六種器具都已存在數千年，它們會改變力的大小和方向。

槓桿

槓桿是一個繞著樞軸或支點旋轉的棒子或某種堅硬物體。槓桿使用力來提起重物，這個力就是作用力。依照重物、作用力和支點的位置，槓桿共分為三種。

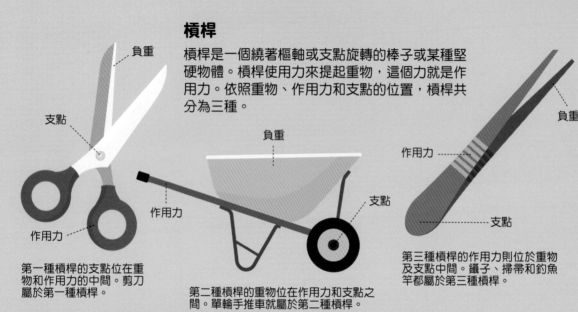

負重

支點

作用力

第一種槓桿的支點位在重物和作用力的中間。剪刀屬於第一種槓桿。

負重

作用力

支點

第二種槓桿的重物位在作用力和支點之間。單輪手推車就屬於第二種槓桿。

負重

作用力

支點

第三種槓桿的作用力則位於重物及支點中間。鑷子、掃帚和釣魚竿都屬於第三種槓桿。

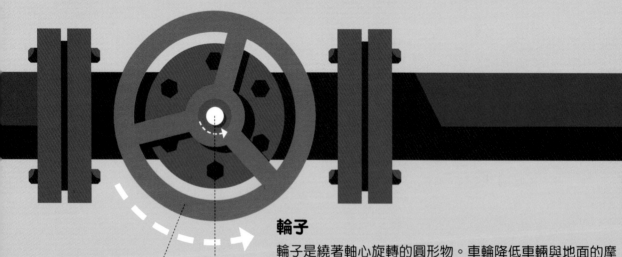

輪子

輪軸

輪子

輪子是繞著軸心旋轉的圓形物。車輪降低車輛與地面的摩擦，讓車輛更易於前進。我們也可以根據同樣原理增加力道。比方來說，有些閥門設了像輪子的圓形把手。當你轉動把手外側，施加在閥門內側的力量會增加，讓我們更容易開關閥門。

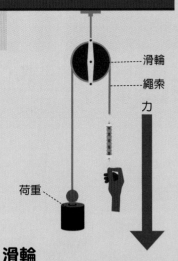
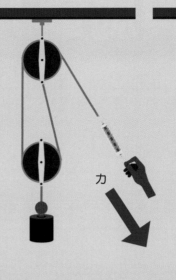
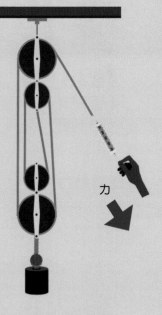

滑輪

繩索

力

荷重

滑輪

滑輪是個輪子周圍繞了繩索的裝置,它讓我們輕鬆舉起重物。使用的滑輪愈多,上舉的力量愈大,但你也必須拉更長的繩子才能舉起物體。一條繞過4個滑輪的繩索,能讓你抬起4倍的重量,但你拉的繩索長度也是4倍。

斜面

斜面或斜坡能降低重物前進時的角度,讓我們更容易舉起或放下重物。斜坡坡度愈小,愈容易把重物往上推,但平緩斜坡需要更長的距離才能達到同樣高度。

螺旋

螺旋是有著螺紋的圓柱體或圓孔體。旋轉梯和木螺釘都是運用螺旋的實例。

楔子

這是種改變施力方向的三角型器械。向楔子的平面端施力,力量會發揮在兩個斜面,將物體劈開。斧頭和針都是利用楔子原理的實例。

力

平面端

力

力

尖銳端

人或動物只能發揮一定的力量，讓機械或交通工具運轉。有了引擎，機械才能獲得更多動力，不管是載全家人上路或把衛星送上太空，都必須仰賴引擎。

蒸氣動力

蒸氣引擎使用燃煤等外來能源將水加熱，水一沸騰就化為蒸氣。隨著蒸氣增加，壓力上升，就會來回推動活塞。

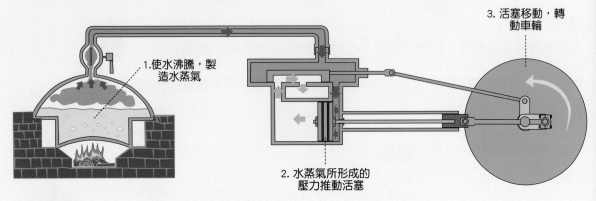

3. 活塞移動，轉動車輪

1. 使水沸騰，製造水蒸氣

2. 水蒸氣所形成的壓力推動活塞

內燃機

這種引擎在一個氣缸中混和燃料和空氣，接著擠壓混合物並點燃，引發爆炸，把活塞往下推。活塞上升時會排出廢氣，接著往下掉，吸進燃料和空氣的混和物。這個過程每秒會重複數千次。

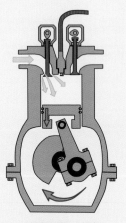
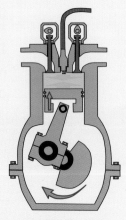
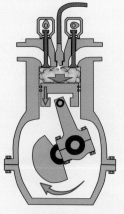

1. 活塞下降，燃料與空氣進入

2. 活塞上升，壓縮混和物

3. 燃料被點燃，把活塞往下推

4. 活塞上升，排出廢氣

電動馬達

電流通過線圈，線圈周圍就會產生磁場。如果把一個會轉動的線圈放在另一個磁場中，兩個磁場產生作用，線圈就會一直旋轉。這就是電動馬達的運作方式。

噴射引擎

噴射引擎從前方的大型渦輪機吸入空氣。引擎壓縮空氣並將它與燃料混合，再使其燃燒。這會產生一股熱氣，將這股熱氣從引擎後方射出，就會推動引擎和裝了引擎的交通工具往前移動。有些飛機利用這股熱氣轉動大型推進器，產生往前的力量，也就是推力。

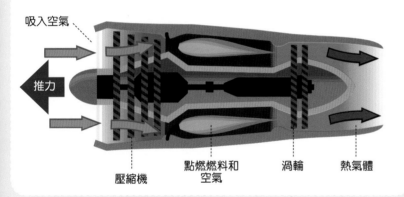

吸入空氣

推力

壓縮機　點燃燃料和　渦輪　熱氣體
　　　　空氣

火箭推進

火箭是威力強大的引擎，它把燃料和氧化劑混合後再加以點燃，就會產生一股強大的熱氣。這些熱氣從噴嘴衝出，把火箭往前推。燃料和氧化劑可以液體或固體顆粒的形式儲存在火箭中。

阿波羅月球行動使用了威力強大的農神5號火箭，製造出足以將122噸的火箭彈頭推上天空，進入繞行地球的軌道。

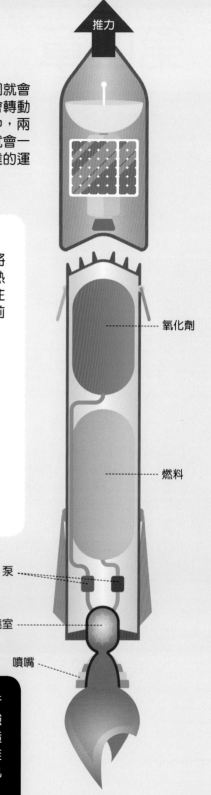

推力

氧化劑

燃料

泵

燃燒室

噴嘴

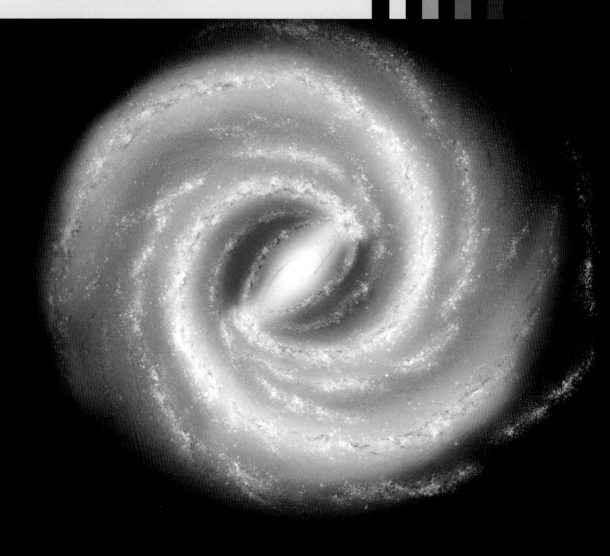

第四章

太空

探索太空

天文學家是研究太空的科學家。他們利用望遠鏡觀察，並收集被送進太空的探測器傳回的資料，來研究離地球非常遙遠的物體。

望向太空

望遠鏡利用鏡片和鏡子收集來自太空的光線。望遠鏡呈現放大的影像，讓人們得以研究非常遙遠的天體。義大利科學家伽利略是史上最先透過望遠鏡研究太空的人。他在1609年用望遠鏡觀測月球的特徵，接著又發現木星有4顆衛星繞行，他還描述了土星環的樣貌。

天文學家常常利用看不到的電磁波（見42~43頁）研究太空物體。恆星和黑洞等炎熱物體會發散大量高能量射線，比如X光和伽馬射線。氣體雲等溫度較低的物體會發散低能量射線，比如無線電波。

位在地表的電波望遠鏡，收集來自宇宙四處的無線電波。

探索太空

地球的大氣層阻絕了一部分的電磁波，也會扭曲可見光線。繞著地球運行的太空望遠鏡可以在不受大氣層干擾下，提供清晰的宇宙影像。我們也把太空探測器送到外太空，甚至讓它們降落在太陽系的其他星體上，還用漫遊機器人探索月球和火星表面。有些太空探測器去了非常遙遠的地方，甚至完全離開太陽系，此刻正在星際空間中飛行。

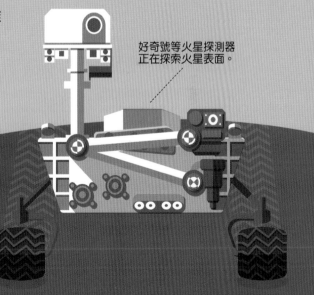

好奇號等火星探測器正在探索火星表面。

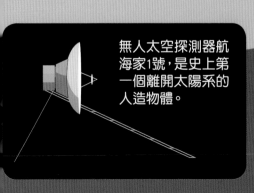

無人太空探測器航海家1號，是史上第一個離開太陽系的人造物體。

太陽系

位在太陽系中央的是一顆充滿高溫氣體，不斷燃燒的巨大火球。有八大行星和數百萬個岩石和冰塊繞著這個發亮的恆星運行。

行星種類：

太陽系的八大行星分成三類：

岩石行星
水星、金星、地球和火星

氣態巨行星
木星和土星

冰巨行星
天王星和海王星

太陽

水星
直徑：
4,879公里
距離太陽：
5,790萬公里
繞行太陽一周的時間：
88.0天
平均溫度：
攝氏167度

地球
直徑：
12,756公里
距離太陽：
1億4,960萬公里
繞行太陽一周的時間：
365.2天
平均溫度：
攝氏15度

金星
直徑：
12,104公里
距離太陽：
1億820萬公里
繞行太陽一周的時間：
224.7 天
平均溫度：
攝氏464度

火星
直徑：
6,792 公里
距離太陽：
2億2,790萬公里
繞行太陽一周的時間：
687.0 天
平均溫度：
攝氏-65度

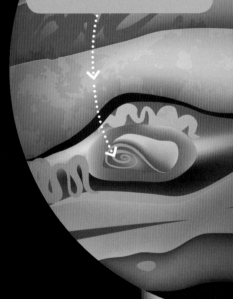

木星上的「大紅斑」是一個威力強大的風暴，它甚至比地球還大，而且已經肆虐至少350年。

金星表面的大氣壓力，相當於地球海面下1公里的壓力，足以把人壓扁！

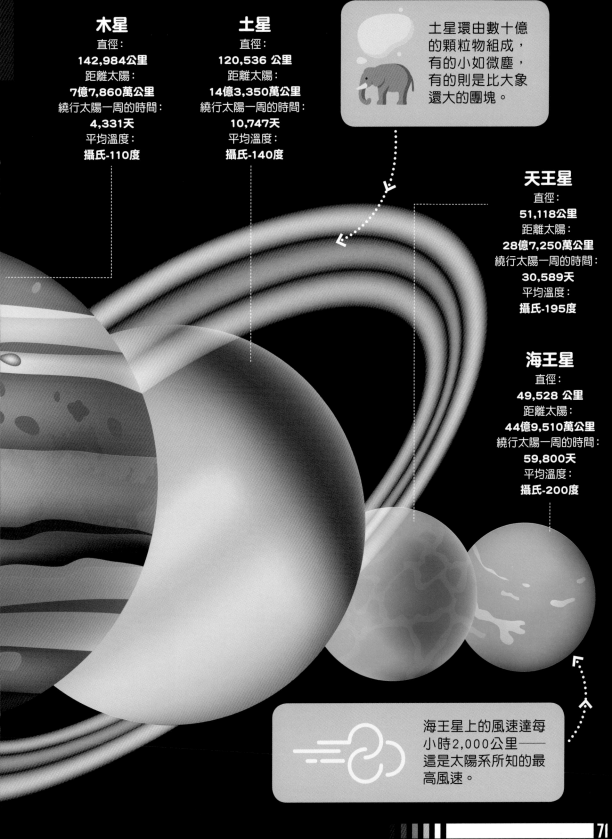

木星
直徑：
142,984公里
距離太陽：
7億7,860萬公里
繞行太陽一周的時間：
4,331天
平均溫度：
攝氏-110度

土星
直徑：
120,536 公里
距離太陽：
14億3,350萬公里
繞行太陽一周的時間：
10,747天
平均溫度：
攝氏-140度

土星環由數十億的顆粒物組成，有的小如微塵，有的則是比大象還大的團塊。

天王星
直徑：
51,118公里
距離太陽：
28億7,250萬公里
繞行太陽一周的時間：
30,589天
平均溫度：
攝氏-195度

海王星
直徑：
49,528 公里
距離太陽：
44億9,510萬公里
繞行太陽一周的時間：
59,800天
平均溫度：
攝氏-200度

海王星上的風速達每小時2,000公里——這是太陽系所知的最高風速。

衛星

衛星是繞著行星轉的自然天體。我們的太陽系中，共有6顆行星有自己的衛星，地球有1顆衛星，而木星有將近80顆衛星。

我們的月球

月球看似平坦，沒有生命的蹤跡，其實月球表面滿是高聳的高原和像海一樣廣闊的平坦區域（它們的拉丁名稱maria就是「海」的意思）。月球繞行地球的同時也會自轉，因此我們永遠只看得到月球的同一面。

月球

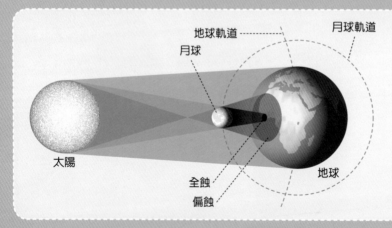

地球軌道
月球
月球軌道
太陽
全蝕
偏蝕
地球

日蝕

從地球望向天空時，月球的大小看起來恰巧和太陽差不多。也就是說，當月球經過太陽前方時，它有時會徹底擋住陽光，形成日全蝕；其他時候，月球只會擋住一部分的太陽，形成日偏蝕。

戴摩斯

各式各樣的衛星

火星有2顆呈塊狀的迷你衛星，分別叫做戴摩斯（火衛二）和佛勃斯（火衛一）。天文學家認為它們可能是兩顆被火星重力吸引的小遊星。

佛勃斯

木星的衛星之一埃奧（木衛一），是個環境嚴峻的星球，上頭有許多巨型火山噴發大量的硫磺雲。

歐羅巴（木衛二）是另一顆繞行木星的衛星，它的表面有著厚厚的冰層，下方也許藏著浩瀚的海洋。

泰坦（土衛六）是一顆繞行土星的巨大衛星。它的大氣層很厚，充滿氮氣（地球的大氣層也以氮氣為主）。

繞行木星的甘尼米德（木衛三）是太陽系中最大的衛星。
它的直徑是
5,268公里，
比水星還大。

其他天體

太陽系除了太陽、行星和衛星外,還有各式各樣的物體,從小行星到小冰塊都有,小冰塊從比最外圍的行星更遠的遙遠地方,飛向我們的太陽。

小行星

這些大型天體不像行星那麼大,但有些小行星的直徑仍可長達數千公里。事實上,冥王星直到2006年都被歸為行星。後來我們發現更多類似的天體,也調整「行星」的定義後,冥王星才降級為小行星。

冥王星

直徑:

2,380公里

距離太陽:

58億公里

繞行太陽一周的時間:

90,530天

平均溫度:

攝氏-229度

小遊星

這些岩塊通常位在火星和木星周圍的小遊星帶。許多小遊星的形狀都像馬鈴薯一樣。最大的小遊星是灶神星,直徑為530公里。最小的小遊星直徑不到10公尺。

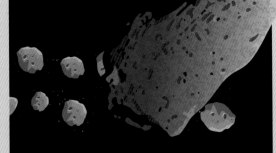

木星軌道前後有數個小遊星群,它們被稱為特洛伊天體。

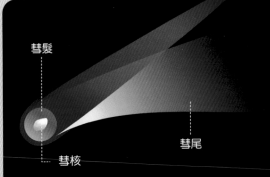

彗髮

彗尾

彗核

彗星

彗星是一團結冰的氣體和冰塵,多半都位在海王星以外的地方。有些彗星會被推向太陽,當它們靠近太陽時,表面溫度上升,冰塵和冰氣體會融化在太空中,形成一條反射陽光的尾巴,稱為彗尾。

彗尾可長達

1億5,000萬公里。

恆星

宇宙中有數十億顆恆星，我們的太陽就是其中一顆。和其他恆星比起來，太陽其實是顆小恆星呢！這些熾熱的球狀氣體有各式各樣的大小和顏色，有暗白色的恆星（如太陽），也有比太陽大數千倍的紅特超巨星。

核反應爐

恆星內部深處，各種強大力量把原子核擠壓在一起，進行核融合反應。這個過程會產生驚人的能量，從恆星表面以熱和光的形式散發而出。

太陽每秒鐘散發的能量，比地球上最劇烈的核爆炸還多上20倍！

我們以光年計算恆星之間的距離。離我們最近的恆星是比鄰星，距離我們4.25光年，相當於40兆2,080億公里遠！

不同的恆星

恆星有白、藍、黃、橘、紅等不同顏色。它們的尺寸也各不相同，有直徑只有20~40公里的中子星，也有直徑長達10億公里的特超巨星。相比之下，我們的太陽直徑只有139萬公里。數個恆星組成星團，一個星團可能只有少少幾個恆星，也可能有多達數千個恆星。

行星狀星雲

參宿七
藍白超巨星

參宿四
紅超巨星

劍魚座S
藍變特超巨星

大犬座Vy
紅特超巨星

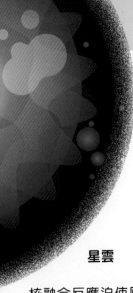

誕生與死亡

恆星從星雲中誕生，星雲是一團由氣體和宇宙塵組成的雲狀物（見76~77頁）。氣體在自身引力的牽引下聚集成團塊，接著又潰散。在這些塊狀物的中心，壓力非常大、溫度也極為熾熱，因而產生核融合，發亮的恆星就此誕生。

星雲

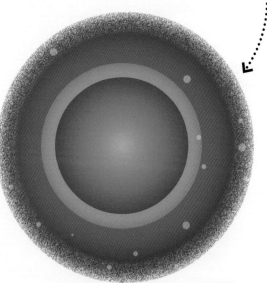

一般的恆星

核融合反應迫使原子組成其他元素，恆星漸漸耗盡這些燃料。到了這個階段，恆星會漸漸膨脹。接下來會發生什麼事？這都得視恆星的質量而定。

與太陽差不多大的一般恆星會膨脹成紅巨星，接著噴射出一層稱為行星狀星雲的氣體，籠罩在它的周圍。行星狀星雲的外層會往外飄散，最後留下熾熱的核心，稱為白矮星。

白矮星

紅巨星

奇異星

一顆大恆星爆炸後，留下來的高密度物質就稱為中子星。它們的質量有時是太陽的2倍，但直徑只有20~40公里。

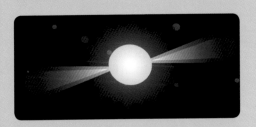

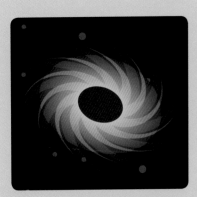

一些質量極大的恆星爆炸之後，就會產生黑洞。黑洞密度極高，質量也非常大。黑洞周圍的重力實在太強了，就連光都會被吸進去，無法逃逸。

星雲

恆星之間的空間並不是空空如也，有時存在由氣體和塵埃組成的巨大雲狀物，也就是星雲。這些星雲常是恆星死亡後的殘骸，也是新星誕生的所在。

星雲的英文「nebula」來自拉丁文的「雲」字。

恆星的孕育地

星雲充滿了氣體和塵埃，因此星雲有時會創造出新的恆星（請見74~75頁）。

黑暗的雲

有些星雲在夜空中看起來就像黑色的團狀物。這是因為這些星雲的塵埃擋住了後面所有恆星的光線。

地球

暗星雲

分散的藍光

熱恆星

亮星雲

發亮的雲

某些類型的星雲看起來好像在發光。有些星雲會反射附近恆星的光芒，稱為反射星雲。有些星雲則會吸收附近恆星的能量，讓星雲中的粒子發光；這類星雲稱為發射星雲，因為它們會發散光與輻射。

恆星殘骸

比較大的恆星爆炸後形成超新星，它的殘骸會散入太空，形成由氣體和塵埃組成的巨大雲狀物。比較小的恆星所產生的爆炸沒那麼劇烈，它們的外層會被拋離，產生一圈氣體和塵埃。它們就是所謂的行星狀星雲，因為早期的天文學家誤以為這些圓形物體是行星。

銀河與星系

太陽是一群恆星家族的成員，這些恆星組成星系，我們稱為銀河星系。宇宙間有各種大小和形狀的星系，有的星系由數千顆恆星組成，非常龐大的星系甚至有一兆顆恆星呢！

我們的銀河系

望向夜空，銀河系的恆星群看起來就像一條乳白色的絲帶，因此稱為銀河。這是因為我們看到的是它的側面。其實銀河呈巨大平坦的螺旋狀，直徑大約是10萬光年。

天文學家估計銀河中約有1,000億顆恆星。他們認為，宇宙中約有10兆個星系，銀河系只是其中之一！

太陽

星系的種類

星系可分為四種：

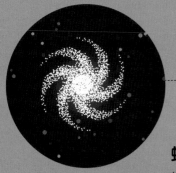

螺旋星系

螺旋星系就像我們的銀河系，由恆星和星雲組成的手臂從凸起的中心呈螺旋狀朝外延伸。有些螺旋星系中心的恆星分布呈明顯的短棒狀，所以也被稱為棒旋星系。

橢圓星系

橢圓星系看起來像圓形或被壓扁的球。宇宙中最大、最古老的星系，有些就屬於橢圓星系。

不規則星系

正如其名，這些星系沒有固定形狀。

透鏡狀星系

這些星系的中心呈很大的棒形，有點像螺旋星系，但周圍的恆星分布呈現盤狀，沒有任何外旋的長臂。

數個星系聚在一起，就會組成巨大的星系團。星系團彼此連接，形成我們稱之為宇宙的龐大架構，也就是超星系團，其直徑大約是數億光年。

大霹靂

宇宙到底是怎麼形成的？根據天文學家的觀測，他們相信在很久很久以前，所有我們偵測到和偵測不到的物質造成一場極為炎熱的大爆炸，這就是宇宙的初始。

分離

天文學家觀察遠方的星系時，發現它們正漸漸離開彼此。他們藉此得出宇宙正在擴張的結論，如果我們能回到很久很久之前，大約一百多億年前，當時所有物質都聚集在一起，發生了非常激烈的大爆炸。天文學家把這稱為「大霹靂」。

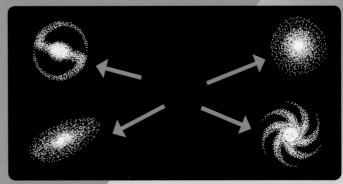

初始

大霹靂約莫發生在140億年前。一開始，宇宙熱得不得了，包括重力等各種力的萬事萬物都以不同的方式運作，一般科學難以描述究竟發生了什麼事。

初期的宇宙

宇宙在初期擴張得非常快速，同時溫度也下降了。此時出現了第一個次原子粒子，它們凝聚後，形成原子。

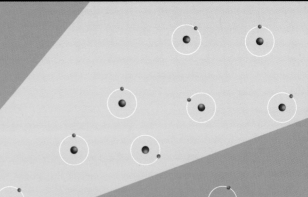

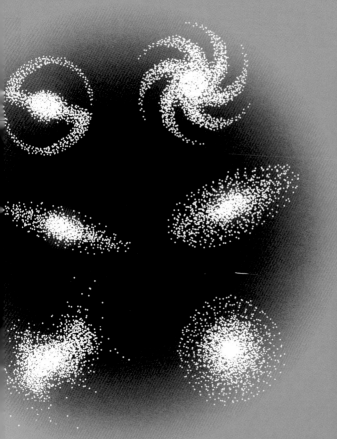

用麥克筆在一顆氣球上，畫出幾個黑點，記得黑點之間的距離要相等。現在把氣球吹大，看看發生什麼事！隨著氣球愈吹愈大，點與點之間的距離也愈來愈遠。比較起來，離我們較遠的幾個點朝外移動的速度，比離我們較近的點快。這就是我們測量星系時發現的現象。離我們愈遠的星系，離開我們的速度愈快。

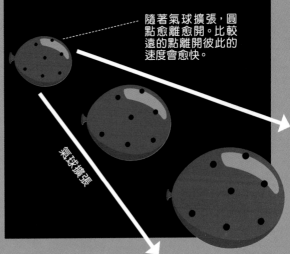

隨著氣球擴張，圓點愈離愈開。比較遠的點離開彼此的速度會愈快。

氣球擴張

恆星與星系

大霹靂之後過了大約4億年，第一群恆星開始發光。它們聚集在一起，組成最初的幾個星系。大霹靂結束後又過了90億年左右，我們的太陽開始發亮，形成太陽系。

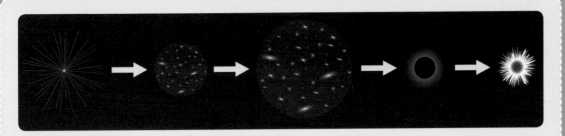

宇宙會消失嗎？

宇宙最後會發生什麼事呢？天文學家提出三個理論。宇宙可能會持續快速擴張，直到撕裂開來。或者，宇宙不斷擴張直到冷卻，只剩下黑暗。也許，宇宙的擴張速度會減緩，最終停止，所有的星系會衝向彼此，最後撞在一起，引發「大崩墜」！

第五章

我們的行星：
地球

陸地與海洋

太陽帶來能量，大氣層供生物呼吸，又具保護性，再加上液體水，這一切讓地球成為人類所知的宇宙中，唯一有生命的星球。

海洋占據地球表面的71%，剩下的29%則是陸地。

陸地與海洋

從太空看到的地球，是一顆巨大的藍色星球，上頭摻雜了少許的褐色、灰色、白色和綠色。藍色是地球的海洋，褐、灰、白和綠色則是陸地。

數十億年前，地球的火山活動釋放出許多氣體，形成了大氣層。大氣層中的水分可能來自經過的彗星。

面積廣大的陸地稱為洲或大陸。地球上有北美洲、南美洲、歐洲、非洲、亞洲、澳洲和南極洲。

燃燒的結構

太陽系形成的初期，太陽周圍有圈由灰塵和岩石組成的環。這些物質開始凝聚，形成原始行星。愈來愈多的岩石受到這些漸漸變大的星球的重力吸引而撞上它們的表面，使它們變得又紅又熱。隨著時間流逝，我們居住的地球逐漸冷卻，表面形成堅硬的地殼。

地表下有各種強大的力在運作，地球內部由大量岩石組成，它們受到各種力量擠壓而移動，改變陸地的樣貌。

海洋地殼

地球的最外層是堅實的地殼。地殼分為兩種。海洋地殼的密度比大陸地殼高。地殼含有多達100種元素，最常見的是氧、矽、鋁和鐵。

地殼
深度：**0-70公里**
溫度：**攝氏22度**
狀態：**固態**

地球產生的波

科學家研究地震活動造成的強大衝擊波，如何從地下深處傳到四處，藉此推斷出地球內部的構造。

大陸地殼

地函也稱為地幔，它分為兩層：上部地函和下部地函。在這兩層地函中，最常見的元素都是氧、矽和鎂。

上部地函
深度：**70~670公里**
溫度：**攝氏200~900度**
狀態：**固態**

下部地函
深度：**670~2,890公里**
溫度：**攝氏2,200~3,000度**
狀態：**固態**

地函

正如地函，地核也分成兩層：外地核和內地核。外地核含有鐵、鎳、硫和氧。內地核則含有鐵和鎳。

外地核
深度：**2,890~5,150公里**
溫度：**攝氏4,000~6,000度**
狀態：**液態**

地核

內地核
深度：**5,150~6,370 公里**
溫度：**攝氏5,000~6,000度**
狀態：**固態**

地核溫度和太陽表面溫度一樣高。

板塊構造

地球表殼分成數個巨大的岩塊，我們稱為板塊。這些板塊移動時會彼此撞擊、摩擦或裂開來，造成相當駭人的結果。

分裂的地表

地殼分成七大板塊和八小板塊。這些板塊以不同的速度移動，有的每年移動0.6公分，有的每年移動10公分。

歐亞板塊和北美板塊以每年3公分的速度離開彼此——和你手上指甲的生長速度相同。

北美板塊

北美板塊

大西洋中洋脊

歐亞板塊

瑛帝富加板塊

阿拉伯板塊

加勒比板塊

太平洋板塊

印度板塊

菲律賓板塊

太平洋板塊

非洲板塊

科克斯板塊

南美洲板塊

納茲卡板塊

澳洲板塊

蘇格夏板塊

南極洲板塊

大西洋中洋脊長達16,000公里，是地球上最長的山脈。它位在海面下，處於北美、南美、非洲和歐亞板塊之間的分離邊界。

板塊相接處

兩個板塊相接的地方稱為板塊邊界。

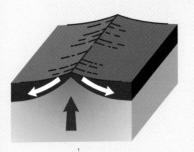 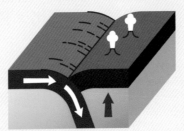 

張裂性板塊邊界

兩個板塊漸漸分離，下方的熔岩升起，冷卻後形成新的地殼。

聚合性板塊邊界

兩個板塊向彼此撞擊擠壓的邊界。

原狀板塊邊界，
也稱為轉形斷層

兩個板塊彼此摩擦的邊界。

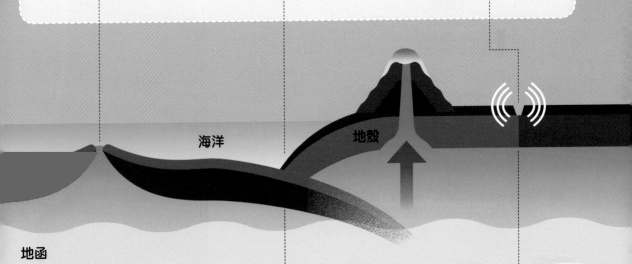

海洋

地殼

地函

地震與火山

移動板塊的巨大力量，足以引發一些毀滅性強大的事件。

在某些聚合性板塊邊界，一個板塊被往下壓，陷入地函。沉降的板塊會熔化附近的岩石，讓熔岩升到表面，形成火山。

而在某些邊界，兩個板塊彼此摩擦形成地震，這是板塊的突然移動讓地面搖晃的現象。

岩石週期

地球由岩石組成，岩石會磨損、移動，也會因受熱與壓力而改變，因此岩石的形狀和結構也會一直變化。這個過程非常緩慢，足以花上數百萬年的時間。

岩石種類

岩石分成三大類。

花崗岩

玄武岩

黑曜岩

火成岩

火成岩來自熔岩，熔岩不是在地面下逐漸冷卻，
就是從火山噴發而出。
玄武岩和花崗岩都是火成岩。

礫岩

泥岩

石灰岩

沉積岩

沉積岩由小石礫或生物殘骸組成，
這些物質受海洋或河流搬動，接著落下或沉積，
再被壓進岩石裡，形成一層層的紋理。
石灰岩和砂岩都是沉積岩。

片麻岩

片岩

板岩

變質岩

受到熱及／或壓力影響而改變結構的岩石。
板岩和大理石都屬於變質岩。

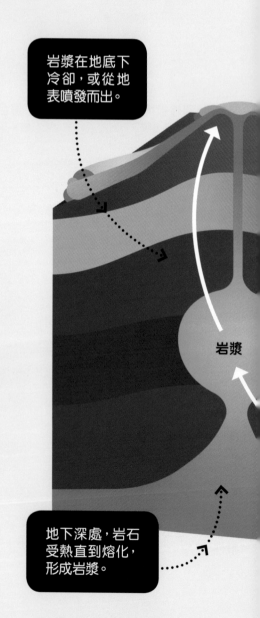

岩漿在地底下冷卻，或從地表噴發而出。

岩漿

地下深處，岩石受熱直到熔化，形成岩漿。

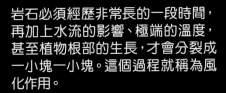

岩石必須經歷非常長的一段時間，再加上水流的影響、極端的溫度，甚至植物根部的生長，才會分裂成一小塊一小塊。這個過程就稱為風化作用。

移動石頭

河流會帶走石頭，很小的砂礫也會乘風飛揚。這個過程稱為侵蝕作用。這些石頭會在別的地方沉積，變成不同種類的岩石。

岩石粒子沉積形成岩層，這個過程就稱為沉積作用。

火成岩

地殼移動，將一些岩石往上推向地表，這個現象就叫做隆起。

岩石粒子受到擠壓，形成沉積岩。

沉積岩

變質岩

大氣

地球周圍被空氣包圍——各種氣體組成薄薄的大氣層。從地球表面逐漸往上升，空氣會愈來愈稀薄，最終散逸至太空中。

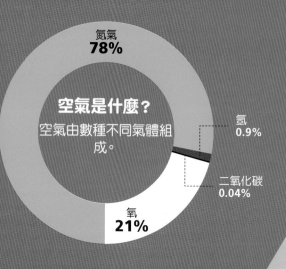

氮氣
78%

空氣是什麼？
空氣由數種不同氣體組成。

氬
0.9%

二氧化碳
0.04%

氧
21%

平流層
離地表50公里內
這裡有臭氧層，臭氧層會吸收掉來自太陽的大部分有害紫外線。

大氣層
地球的大氣分成數層。

對流層
離地表0~14.5公里
大氣層中最靠近地面的一層，也是密度最高的一層，大部分的天氣現象都在此發生。

大氣層75%的質量都位在對流層，幾乎所有的水蒸氣都位在這裡。

地球表面反射太陽光。

太陽

溫室氣體將某些光線反射回地表。

地球

大氣層

中氣層

離地表85公里內

大部分的流星都在這兒燃燒殆盡。

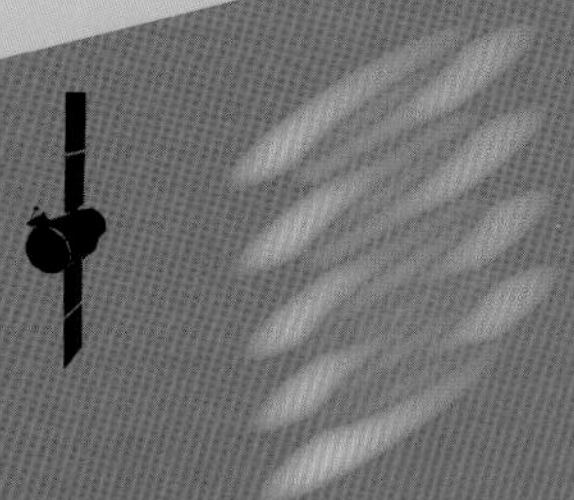

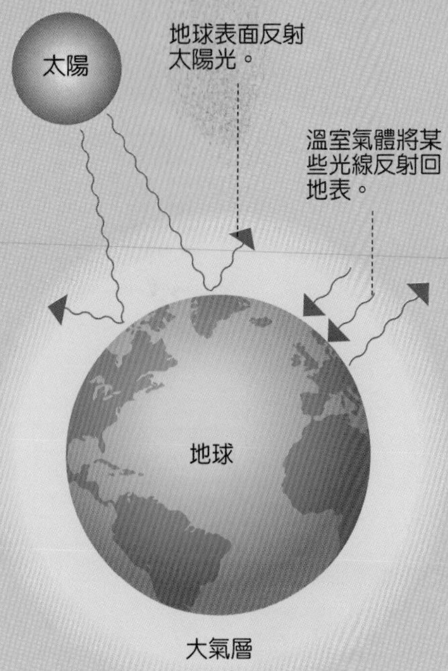

溫室效應

地球的大氣就像一條毯子，保留來自太陽的許多輻射，讓地球溫暖宜人。這種現象就叫溫室效應。要是沒有溫室效應，地球將會是太空中一顆冰凍的雪球！但當某些氣體增加時，比如二氧化碳和甲烷，溫室效應就會變得更強烈，讓氣溫進一步上升，因而引發全球暖化和氣候變遷（見96~97頁）。

增溫層

離地表600公里內

閃爍的極光發生在這一層，大部分的衛星軌道也位在這裡。

外氣層

離地表10,000公里內

這是大氣最外面的一層。

太空

水循環

地球上的水主要有三種狀態：固態的冰、液態的水和氣態的水蒸氣。水在地球上不斷移動，經歷各種令人驚奇的變化，這個過程就叫做水循環。

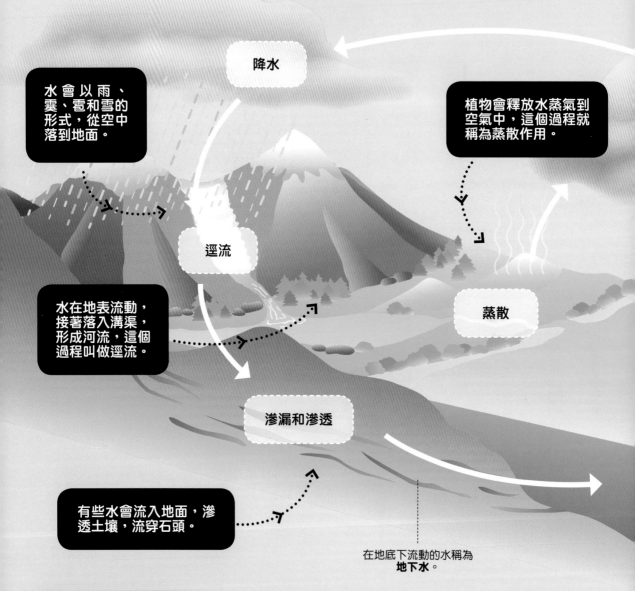

降水

水會以雨、霙、雹和雪的形式，從空中落到地面。

植物會釋放水蒸氣到空氣中，這個過程就稱為蒸散作用。

逕流

水在地表流動，接著落入溝渠，形成河流，這個過程叫做逕流。

蒸散

滲漏和滲透

有些水會流入地面，滲透土壤，流穿石頭。

在地底下流動的水稱為**地下水**。

拿一個大盆子，把玻璃杯或茶杯放在中央，在盆子中倒進大約2公分高的水。用保鮮膜蓋住盆口，在杯子上方的保鮮膜中央放顆小石頭。接著把盆子放在日光充足的地方。等個兩天，看看有多少水從盆子底端蒸發，凝結在保鮮膜上，再落進杯子裡。

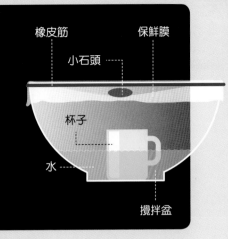

橡皮筋　保鮮膜
小石頭
杯子
水
攪拌盆

凝結

空氣中的水蒸氣冷卻凝結後形成小水珠，再變成雲。

冰冠、冰川和萬年雪
1.74%

地下水
1.69%

海洋
96.54%

水在哪兒？
地球上大部分的水都是海洋，淡水的數量非常少，我們喝的飲用水更是稀少。

湖泊
0.013%
大氣
0.001%
沼澤
0.0008%
河流
0.0002%
生物用水
0.0001%

蒸發

太陽傳來的能量，把湖泊和海洋表面的水變成水蒸氣。

如果把地球內部、表面和上方的水都集合在一起，會形成一顆直徑1,385公里的巨大水球。

天氣和氣候

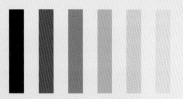

我們每天都會經歷不同的天氣現象，不管是下雨、下雪、晴天還是起風，都屬於氣象。氣候指的是一個地方長期的氣象和天氣情況。

加熱地面

太陽將熱輻射到地球時，地表的溫度會上升，地面上方的空氣也跟著變暖。由於地球是球體，每個地方吸收到的太陽輻射量不一，抵達極區的能量遠低於赤道地區。

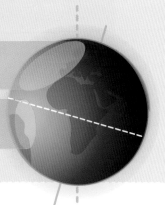

靠近極區的地方，陽光照耀的面積較大

靠近赤道的地方，陽光照耀的面積較小

氣候帶

地球主要有五種氣候帶。

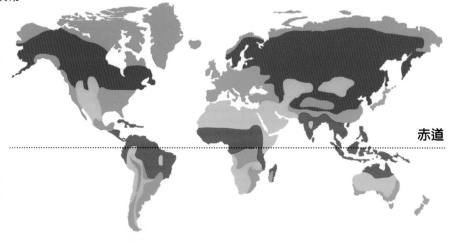

● **熱帶**
位於赤道上下，這裡的陽光熱度最強，也是氣溫最高的地方。

● **乾旱**
這些地區的降水量非常少，雨水很快就會蒸發。

赤道

● **溫帶**
這些地區有涼爽的冬季和溫暖的夏季，全年都有降雨，但以冬季為主。

● **大陸**
這些地區的冬季很冷，有溫暖或溫和的夏季。

● **極區**
這些地區離赤道區最遠，全年氣溫都很低。

棲地

一個地區的氣候決定了哪些動植物可以在當地存活，像是氣候乾燥的沙漠，或是暖和潮溼的溫帶森林。

極漠
位於地球最北端和最南端，這些地方的植物很少，但有些動物棲息，牠們已經適應這兒的嚴厲氣候。

莽原
也稱為熱帶疏林高草原，是位在熱帶地區的草地。

雨林
這些地區一整年的降雨量都很高，大部分位於熱帶地區，比如亞馬遜盆地，但有些位在溫帶地區，比如西北美的雨林。

苔原
也稱為凍原，位於極區的邊緣地帶，這兒沒有樹，地面下有著長年不化的冰層。

北方寒溫帶針葉林
位於比較涼爽的地區或高山區，這些松柏森林帶狀分布於亞洲、歐洲和北美洲的北部地區。

混合林
一年四季的氣候溫和，讓秋天落葉的落葉闊葉喬木和常綠闊葉喬木都得以生長。

山區
山區的氣候和生物棲息狀況會隨著高度而變化。

草原
這些溫帶綠地通常位於大陸地區的中央，比如亞洲大草原、南美的彭巴草原，和北美的大草原。

地中海
這些地區有的溫暖、有的涼爽，降雨量的差異也非常大。這裡的植物以小型灌木和灌木叢為主，喬木種類較少。

沙漠
這兒的年雨量低於250公釐。有的位在很熱的地區，比如撒哈拉沙漠，有的則位於寒冷地區，比如南極。

氣候變遷

回顧歷史，全球氣候曾經歷數次變化，有過溫暖期也有寒冷期。但近100年來，科學家發現氣溫上升得非常迅速，這是人類活動所造成。

產生溫室氣體

近100年來，二氧化碳等溫室氣體大量增加。這些氣體會把更多的太陽熱能留在大氣中，造成全球各地的氣溫上升。科學家收集證據，發現人類活動是這些溫室氣體增加的主因。

農業　　　　　　　林業　　　　　　　工業　　　　　　　電力供應

對地球的影響

全球暖化對地球各地都會造成災難性的後果，包括冰層與冰川融化，海平面上升，出現更多的極端天氣事件等。

南極洲的冰正以一年2,790億公噸的速度快速消失，格陵蘭的冰則以一年1,480億公噸的速度消失。

政府間氣候變遷委員會（IPCC）是由1,300位獨立科學家組成的機構，
他們認為

人類造成全球暖化的可能性高達95%。

近150年來，大氣的二氧化碳量從280ppm*增加到415ppm。

*ppm指百萬分點濃度。

自19世紀末期以來，地球的表面均溫增加了攝氏1.1度。

廢棄物和廢水

交通

商業大樓與住宅

海平面以每年3.3公釐的速度上升。

第六章

生氣蓬勃的世界

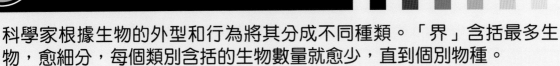

生物分類

科學家根據生物的外型和行為將其分成不同種類。「界」含括最多生物，愈細分，每個類別含括的生物數量就愈少，直到個別物種。

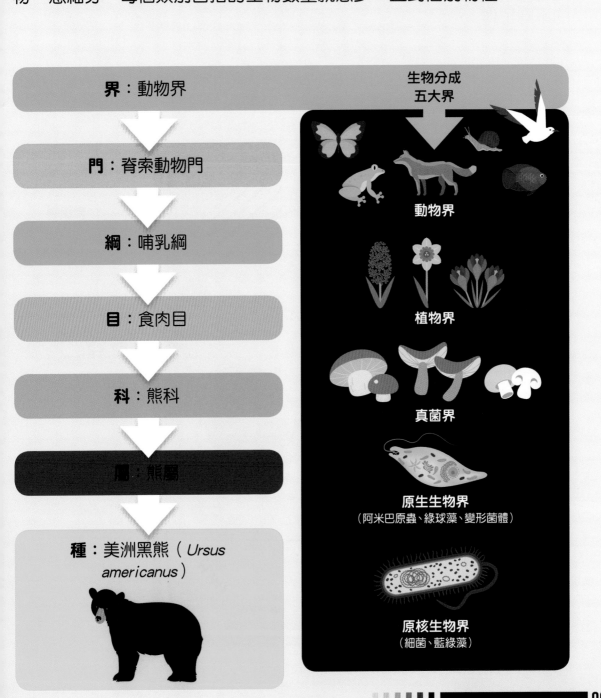

界：動物界

門：脊索動物門

綱：哺乳綱

目：食肉目

科：熊科

屬：熊屬

種：美洲黑熊（*Ursus americanus*）

生物分成
五大界

動物界

植物界

真菌界

原生生物界
（阿米巴原蟲、綠球藻、變形菌體）

原核生物界
（細菌、藍綠藻）

細胞

細胞是所有生物的基本單位，從單細胞的微小細菌到巨大的藍鯨，都由細胞構成。活細胞還有個更小、稱為胞器的組織，它們負責細胞內的不同工作。

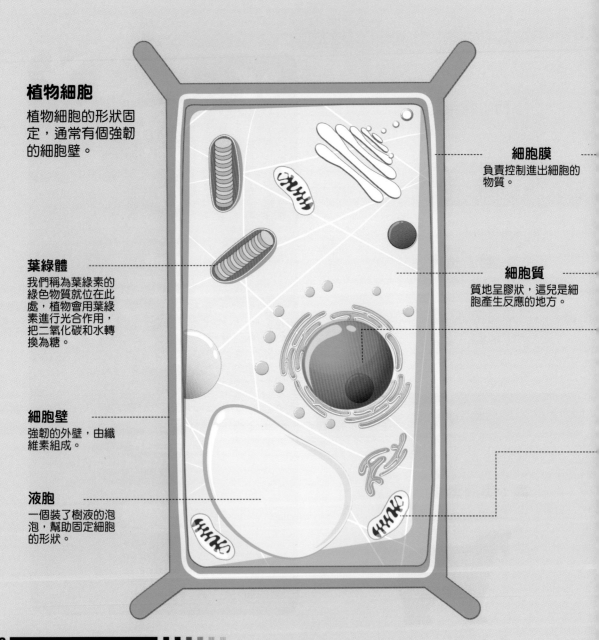

植物細胞
植物細胞的形狀固定，通常有個強韌的細胞壁。

葉綠體
我們稱為葉綠素的綠色物質就位在此處，植物會用葉綠素進行光合作用，把二氧化碳和水轉換為糖。

細胞壁
強韌的外壁，由纖維素組成。

液胞
一個裝了樹液的泡泡，幫助固定細胞的形狀。

細胞膜
負責控制進出細胞的物質。

細胞質
質地呈膠狀，這兒是細胞產生反應的地方。

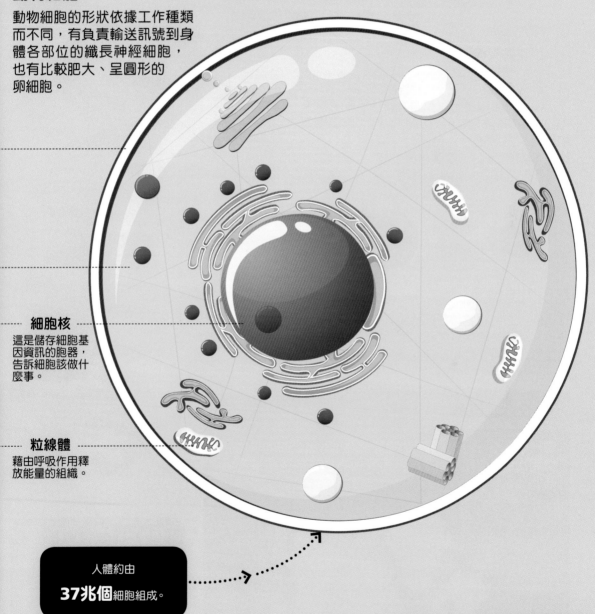

人體最長的細胞是從脊椎根部延伸到腳趾的神經元。成人身上的神經元可長達1公尺。

動物細胞

動物細胞的形狀依據工作種類而不同，有負責輸送訊號到身體各部位的纖長神經細胞，也有比較肥大、呈圓形的卵細胞。

細胞核
這是儲存細胞基因資訊的胞器，告訴細胞該做什麼事。

粒線體
藉由呼吸作用釋放能量的組織。

人體約由
37兆個細胞組成。

DNA和基因

每個活細胞的細胞核裡都有一組化學指令，告訴細胞如何生長和行動。這些指令藏在一個非常複雜的化學物質裡，它稱為去氧核糖核酸，簡稱為DNA。

雙螺旋

DNA的雙螺旋構造看起來就像一座梯子，兩條長鏈繞著彼此旋轉，形成雙螺旋。它們中間由許多短鏈連接，這些短鏈都由4種化學物質中的2種組成，這四種化學物質分別是腺嘌呤、鳥嘌呤、胞嘧啶、胸腺嘧啶。這些化學物質的順序形成指令，也稱為基因。

腺嘌呤　　　胞嘧啶

胸腺嘧啶　　鳥嘌呤

基因與遺傳

基因告訴每個細胞該長成什麼樣子和如何運作。它也會影響整個生物體的外觀。基因藉由遺傳，一代傳一代。也就是說，你的樣貌，比如髮色和眼睛的顏色，都遺傳自父母。

現在就試試看！

畫一個表格，列出你所有的身體特徵，再與父母的身體特徵相比較。你知道自己身上有哪些特徵來自爸爸或媽媽嗎？

如果你把一個人體細胞中的螺旋狀DNA拉直，就會發現它足足有

2公尺長喔！

組織和器官

結構類似的細胞集合形成組織，生物體內的各種組織分別執行不同任務。數個組織也可以組成器官；數個器官可組成系統。

組織種類

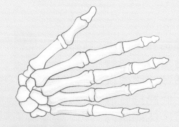

肌肉組織
肌肉組織會收縮，讓動物得以移動四肢。

骨骼組織
這是支撐動物身體的堅硬組織。

維管組織
維管組織呈管狀，運輸水和養分到植物的各處。

器官

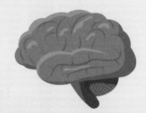

皮膚
這是人體最大的器官。皮膚由皮膚細胞、腺體和毛髮組成。

腦
腦是位於動物頭部的器官，由神經細胞和許多組織組成。腦接收來自身體各處的訊號，也會告訴身體該做什麼反應。

葉子
植物通常在這兒進行光合作用（見105頁），這裡也是植物吸收和釋放氣體的地方。

現在就試試看！

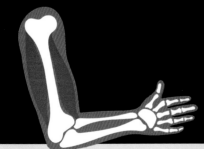

肌肉通常成雙成對，一組肌肉拉動的方向，通常與另一組肌肉剛好相反。看看你的上臂就會發現，上臂前方的肌肉（二頭肌）收縮時手臂曲起，而上臂後方的肌肉（三頭肌）收縮時手臂伸直。你找不找得到其他組一起運作、讓身體往不同方向移動的肌肉呢？

身體系統

所有動物都有細胞、組織和器官，人類也是如此。它們彼此連接，組成系統，確保動物生存與維持健康。

神經系統

你的全身上下都有非常微小的神經細胞，負責收集每個部位和外界的訊號，再傳送到腦部。接著它們將指令傳達到身體各部位，比如肌肉和荷爾蒙腺體，告訴它們做出何種反應，怎麼運作。

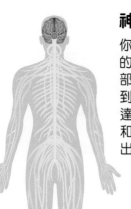

呼吸系統

你的胸腔內有兩個稱為肺的氣囊，它們擴張時會吸進外部的空氣，讓你的身體吸收氧氣，接著再收縮，把二氧化碳推出身體。

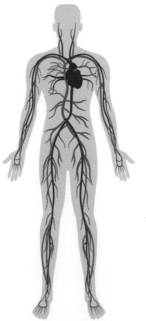

肌肉

許多肌肉與你的骨骼相連，肌肉收縮讓你得以四處移動。你的消化道也有肌肉來推動食物；有些血管也有肌肉，它們會壓縮血管，把血液輸送到最需要血的身體部位。

循環系統

你的心臟是位於血管網絡中心的肌肉，血管則在心臟與身體細胞間來回輸送血液。血液傳送氧氣和養分，同時帶走二氧化碳和其他廢物，以便排出體外。

消化系統

這些長長的管道從嘴巴一直延伸到肛門。它負責的工作是分解食物，直到它們變成可被身體吸收利用的養分。接著它會把身體不要的物質，以糞便的形式排出。

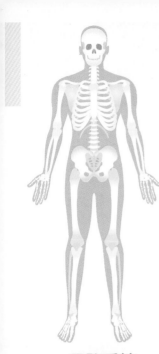

骨骼系統

由超過200多根的骨頭組成，骨骼系統負責支撐你的身體，幫助你移動。骨骼也保護你身上數個最重要的器官，比如腦就位在頭顱裡面。

淋巴系統

這個管狀網絡運輸來自身體細胞的額外液體。它也是許多白血球的家，白血球扮演著對抗感染與疾病的重要角色。

生殖系統

人類藉由有性生殖繁衍後代。這個過程是結合一個來自男性的細胞（精子）和一個來自女性的細胞（卵子）。男性的生殖器官包括了陰莖和睪丸，女性的生殖器官則有子宮和卵巢。

內分泌系統

這組器官和腺體釋放數種稱為荷爾蒙或激素的化學物質。它們扮演傳令兵，控制身體的許多重要任務，包括調節血糖濃度（胰島素），身體對驚嚇的反應（腎上腺素），甚至影響你睡眠的深淺程度（褪黑激素）。

食物網

數種棲息在一起的生物會形成所謂的生態系統。每個生態系統中，每種生物都位於食物網的不同階層。每個食物網中，植物等生物會製造食物，動物則以其他生物為食。

傳送能量

食物網中的每個生物都以食物的形式，把能量傳給下一生物。有些能量在傳給下一階層前，就已經消失或被耗盡。因此，食物網的愈上層，生物數量愈少。

消費者
（狐狸）

消費者
（兔子）

生產者（草／三葉草）

消費者

草食性動物食用植物。在食物網中，這些動物稱為初級消費者。吃下這些動物的肉食性動物則稱為次級消費者。這些肉食性動物可能會被其他肉食性動物吃掉，後者稱為三級消費者。

初級消費者
（鹿）

生產者

植物從陽光和水製造自身所需的能量，因此被稱為生產者。它們組成每個食物網的起點。草原上的草，海洋和湖泊中微小的浮游植物都屬於生產者。

光合作用

植物以光合作用製造食物。它們把來自陽光的能量，結合從根部吸收的水分和從空氣中取得的二氧化碳，產生葡萄糖（一種糖分），並釋放氧氣到空氣中。

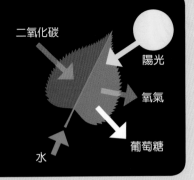

二氧化碳

陽光

氧氣

葡萄糖

水

呼吸作用

所有生物都會釋放儲存在食物中的養分，比如葡萄糖，這個過程稱為呼吸作用。呼吸作用是種化學反應，藉由結合葡萄糖和空氣中的氧氣，釋放出能量，並產生水和二氧化碳。

三級消費者
（狼）

三級消費者
（獅子）

現在就試試看！

請你試著利用同一個生態系統中的動植物，建立一個獨特的食物網。別忘了使用整個食物網的生物，從生產者到回收者。

次級消費者
（狐狸）

初級消費者
（斑馬）

回收者

所有生物都會死亡。生物死亡後，屍體會成為某些生物的食物。屍體中的養分都會被回收，最後回到土壤，再次被生產者利用。

初級消費者
（兔子）

微生物

肉眼看不見的微小生物，就稱為微生物。細菌和藻類、某些真菌以及病毒，都屬於微生物。許多微生物是無害的，有些還能促進人體健康，但有些會引發疾病。

細菌

細菌是單細胞生物，它們的形狀各不相同，有桿狀、球狀和螺旋狀。

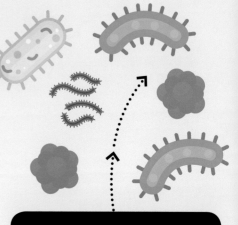

病毒

病毒比細菌還小得多。許多科學家不認為它們是「生物」，因為它們只有在進入活細胞後才能繁殖。

你的身體住著數兆個細菌，大部分的細菌都扮演重要角色，比如消化你吃下的食物。事實上，你身上的細菌數量可能比細胞還要多！

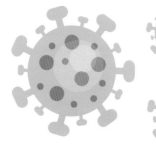

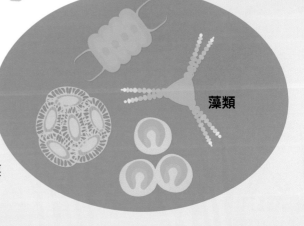

藻類

藻類

藻類像植物一樣，透過光合作用自行製造養分。有的藻類生活在水中，比如湖泊，有的則是在土壤或腐爛的蔬菜中。

真菌界的生物包括蕈類、黴菌和酵母菌。它們分解死去的生物,再把養分釋放回食物網。

真菌孢子可隨風飛到高空中,環遊世界。

菇類和蕈類,都是真菌釋放孢子到空氣中後形成的子實體。

孢子

真菌的繁殖

真菌製造稱為孢子的特別細胞進行繁殖。風、水或其他小動物,會把這些微小的孢子傳到各處。真菌喜歡在潮溼的地方生長,當孢子落到某個潮溼的地方,就會長成新的真菌。

蕈

菌絲

菌絲體

真菌覓食

有些真菌仰賴生物屍體提供養分,有些則是寄生菌,靠活生物提供養分。不管是哪一種,真菌都會製造一種叫做酶的特別化學物質來分解生物,將它化為真菌可吸收的養分。

由大量菌絲組成的真菌

科學家曾把真菌歸類為植物,儘管真菌並沒有植物的基本結構,比如根、莖、葉。事實上,真菌由大量稱為菌絲的細絲組成。

從毫不起眼的地衣和苔蘚到高不見頂的樹木，都是植物。這些生物在地球上身擔重任，動物仰賴的大部分氧氣都由植物製造。

植物的範圍

地衣和苔蘚都是結構簡單的植物，它們裡面沒有負責傳輸養分和水分的管子，因此稱為無維管束植物。它們也沒有根和葉。

苔蘚

蕨類是維管束植物，也就是說，它們內部有傳輸養分和水分的管狀組織。它們有葉也有根，但不會長出花朵。

蕨類

開花植物

開花植物會生出花朵，通常是為了吸引昆蟲與小動物。這些動物會幫忙將植物的花粉從一株植物傳遞到另一株植物，如此一來就能繁殖與製造出更多的植物。

粗壯樹木的樹幹外層由樹皮包覆。樹幹長出樹枝，樹枝再不斷分枝。樹枝通常長滿葉子。

繁衍更多植物

植物可進行有性生殖，利用一朵花的花粉和另一朵花的卵繁殖，這個過程稱為授粉，會製造出一個種子。母株釋出種子後，種子就會生長成新的植物。

蒲公英種子

植物也能進行無性生殖，它們可以自我複製，不需要結合花粉與卵產生下一代。有的會長出球莖來繁殖，比如水仙；有的則長出塊莖，比如馬鈴薯；有的則長出走莖，比如草莓。

水仙球莖

種子傳播

植物必須盡可能把種子傳送到最遠的地方，新一代的植物才不會與原本的植物爭奪陽光和水分。植物演化出數種傳播種子的方式。有些把種子拋出豆莢，有些把種子表面弄得黏黏的，或是長有鉤子，一有動物經過，就會沾染在牠們的毛髮上，由動物把種子帶到遠處。有些種子藏在果實裡，動物吃掉果實後前往他處，再從糞便中排出種子。

蘿藦科

鳳仙花

黑莓

番茄

羽扇豆

橡實

牛蒡

香蒲

楓木

風

拋出

動物

水

椰子

蒲公英

傳播方式

一隻蜜蜂一天可造訪多達5,000朵花朵。

世上最大的種子，來自印度洋塞席爾群島上的一種棕櫚樹。它們稱為大實椰子或海椰子，它的種子比足球還大，重量可達25公斤。

顧名思義，無脊椎動物沒有脊椎。水母和蠕蟲等無脊椎動物的身體很柔軟。昆蟲、蜘蛛和螃蟹等無脊椎動物的體外則有堅硬的殼，稱為外骨骼。

章魚

貽貝

軟體動物

蝸牛、海螺、貽貝等軟體動物擁有堅硬外殼，而章魚、烏賊等軟體動物的身體柔軟。

海綿

這些動物的身體構造很單純，外觀呈管狀。有些海綿很柔軟，有些則有堅硬的支撐體。牠們靠過濾水中的養分維生。

刺胞動物

水母、海葵和珊瑚都屬於刺胞動物。一旦受到攻擊，牠們就會用特殊的刺細胞把毒液刺入敵人體內。

水母

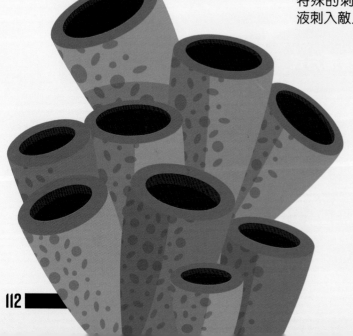

目前人類已命名了
125萬種的無脊椎動物，
但世界上恐怕還有多達
3,000萬種的無脊椎動物
等著我們發掘！

海星

棘皮動物

海膽和海星都屬於棘皮動物。有些棘皮動物受傷後可以重新長出新器官。

蠕蟲

蠕蟲有既細長又柔軟的身體。扁蟲、蛔蟲以及蚯蚓等分節蠕蟲，都屬於蠕蟲。

蚯蚓

蜈蚣和馬陸

這些動物的身體細長，有層外骨骼，而且分成一節節。蜈蚣的每個體節都有一雙腳，而馬陸的每個體節都有兩雙腳。

蜈蚣

蛛形綱

蜘蛛和蠍子都屬於蛛形綱動物。牠們有8隻關節足和尖銳的口器，藉此捕捉獵物。

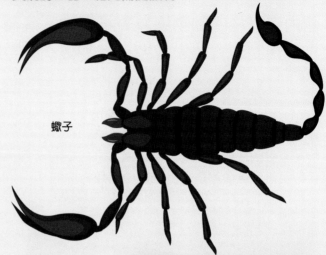

蠍子

地球上的動物中，

多達**97%**

都是無脊椎動物。

甲殼動物

這些動物有堅硬的外骨骼，通常生活在水中。螃蟹、龍蝦、各種蝦類和藤壺，都屬於甲殼動物。

螃蟹

蜂

昆蟲

昆蟲有外骨骼及6隻關節足。數量最多也最多元的無脊椎動物便是昆蟲。蜂、蝴蝶、甲蟲都屬於昆蟲。

脊椎動物

體內有脊柱的動物稱為脊椎動物。鳥類、爬蟲類、哺乳類都是脊椎動物。從小巧的青蛙到龐大的藍鯨，都是脊椎動物的成員。

魚類

這些脊椎動物都有鰓，鰓讓牠們得以從水中獲取氧氣。鯊魚等魚類的骨骼由容易彎曲的軟骨組成，但大部分的魚都有硬骨。魚是冷血動物，也稱為變溫動物，牠們的身體不會保持一定的溫度。

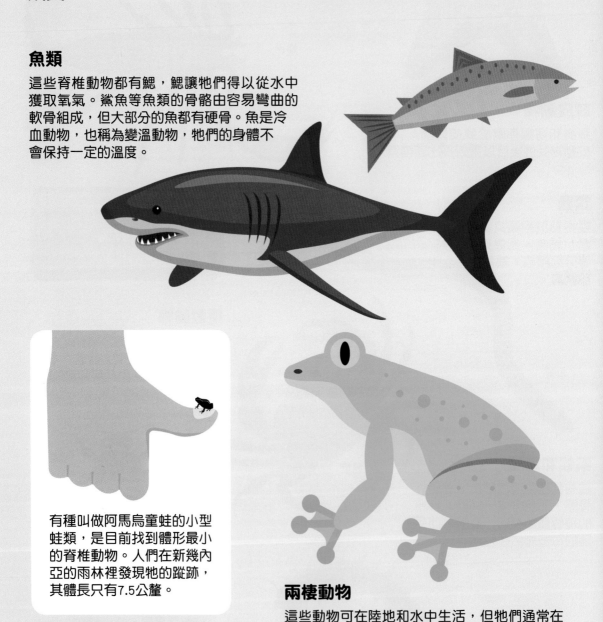

有種叫做阿馬烏童蛙的小型蛙類，是目前找到體形最小的脊椎動物。人們在新幾內亞的雨林裡發現牠的蹤跡，其體長只有7.5公釐。

兩棲動物

這些動物可在陸地和水中生活，但牠們通常在水裡產卵。兩棲動物就像魚，也是冷血動物。

爬蟲類

這些脊椎動物身上覆滿鱗片。大部分的爬蟲類會產下硬殼的蛋，但有的是胎生。牠們都是冷血動物。

藍鯨是哺乳類動物，體長可超過30公尺，是史上最大的動物。

鳥類

鳥類是溫血動物，牠們的體溫很穩定。牠們的身體被羽毛覆蓋，繁殖時會產下硬殼的卵。所有的鳥類都有翅膀，大部分的鳥都會飛。

哺乳類動物

哺乳類動物的身上長了毛髮或毛皮，養育下一代時會分泌乳汁。哺乳類動物跟鳥類一樣，都是溫血動物。

演化和滅絕

第一個微生物出現在35億多年前，此時生命首次降臨地球。自此以後，各種生物在地球的每個角落蓬勃發展，不斷增加，有著令人眼花撩亂的各種外觀和大小。

適者生存

生物必須先生存才來，才能繁衍下一代。生物適應環境的能力愈強，成功繁殖的機率也愈高。不太適應環境的生物很可能會消失。這個過程叫做天擇，也就是自然淘汰。無數年來，天擇推動地球許多生物的演化。

經過演化，長頸鹿的長脖子讓牠們吃得到高處的葉子。

基因突變

生物體內的細胞分裂時，會複製自己的DNA，讓每個新細胞都有一組DNA。然而有時複製過程中會出現錯誤，我們稱之為突變，這會讓複製出來的基因和原本的有些不同。生物繁殖時，突變後的基因會傳給下一代。有時候，基因突變會讓生物的後代獲得其他生物沒有的優勢，增加牠們／它們繁殖的機會。長期下來，這些基因突變就推動了演化的腳步。

仙人掌的針葉
有助將水分儲
存在組織中。

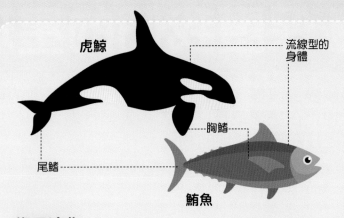

虎鯨

流線型的
身體

胸鰭

尾鰭

鮪魚

趨同演化

兩種不同的生物經過演化，有時會出現類似的特徵。這就叫做趨同演化。比方說，演化後的虎鯨和鮪魚外型類似，因此牠們都擅長游泳。牠們都擁有流線型的體形，利用胸鰭和尾鰭推動身體前進。然而，虎鯨是哺乳類動物，鮪魚則是魚類。

適應

每種生物都有不同的外觀形狀、身體部位和行為模式，這些特徵讓牠們／它們得以在特定環境中生存。比方說，一個生活在寒冷氣候中的動物必須仰賴厚厚的毛皮才能保暖，而沙漠中的植物則會發展出獨特外型，盡量將水留在體內。

恐龍無法適應氣
候的改變，最終
消失在地球上。

一旦消失就回不來了！

當生物無法適應生活環境，就會面臨全體消失的威脅，可能會就此滅絕。這可能是因為牠們／它們的生活環境突然發生劇烈變化。比方說，科學家認為在6,600萬年前，有顆頗大的小行星撞上地球，導致恐龍滅絕。小行星的衝擊造成巨大的塵埃雲，擋住陽光，使得整個地球溫度急速下降。除此之外，人類行為也會造成物種滅絕。例如，印度洋的模里西斯島本來有種不會飛的渡渡鳥。歐洲水手在西元1600年左右抵達此處，他們到處捕獵渡渡鳥果腹，把牠們全殺光了，渡渡鳥就此絕跡。

家犬有各式各樣的品種，外
觀也各不相同，這都是因為
少數基因的突變。

保護我們的星球

氣候變遷改變了地球環境，也改變了各處的棲地。許多生物的棲地正在縮減或徹底消失。人類行為進一步加速這些變化，威脅居住在這些棲地的物種。

失去棲地

全球溫度上升，改變了世界各地的天氣型態，使得生物難以在原本的棲地生存。有些地區一直不下雨，出現乾旱，有些地區則發生嚴重的風暴和水災。極區的冰冠融化，也讓這些地區的棲地愈來愈小，動物愈來愈難生存。

按照目前冰塊消失的速度，地球極區到了2040年，在夏季就完全看不到冰塊了。

人類活動

人類在某地區的活動增加時，就會對附近的棲地造成壓力。人類砍伐森林，增加人類的生活空間和建路；有些耕作方式會破壞環境，把許多地方變成沙漠。礦場、工廠和城鎮的污染也毒害了土壤，造成野生動植物死亡。

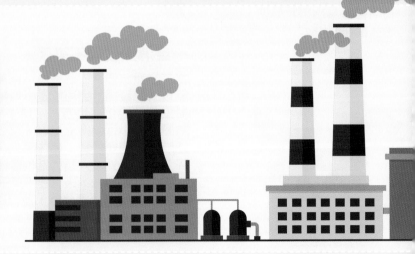

保護區

有些地區設立保護公園，阻止人類破壞生態環境、殺害野生生物。比如珊瑚礁保護區、熱帶草原保護區、雨林保護區和各種野生生態保護區。這些地方限制了人類活動，好保護生物棲地。

保護物種

人類可以保護特定地區，讓動物免於威脅，也可以幫忙保護動物和增加牠們的數量。國家公園有狩獵監護官四處巡察，防止盜獵者獵殺動物；動物園也有動物培育計畫，幫助動物生下後代，並引導牠們重返自然。

近20年來，夏威夷的培育計畫幫助綠蠵龜繁殖，讓綠蠵龜的數量每年增加8%。

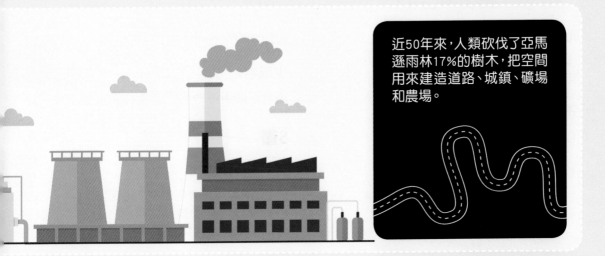

近50年來，人類砍伐了亞馬遜雨林17%的樹木，把空間用來建造道路、城鎮、礦場和農場。

名詞解釋

2畫

力

物體受到的推力或拉力，可改變物體的移動方向或形狀。

3畫

下壓力

車後翼像是前高後低的翅膀，空氣流過時會產生一股下壓力。這股壓力把車子壓向路面，增加抓地力，讓車子行駛更平穩。

大氣

行星或衛星等太空物體周圍的氣層。

小行星

繞行太陽的小岩塊。大部分的小行星都位在火星與木星之間的小行星帶。

4畫

中子

原子核中的一種次原子粒子，不帶電。

元素

只由一種原子組成的物質。氧、鉛、碳等都是元素。

分子

化學物質獨立存在的最小狀態。

化石燃料

由很久以前死亡的動植物遺骸形成的燃料。煤、石油和天然氣都是化石燃料。

升力

空氣流過機翼形成的上升力量，可把飛機往上推向天空。

反射

光線從鏡子和光滑表面彈跳，產生影像的現象。

反應

兩種以上的化學物質結合，產生新化學物質的現象。

天文學家

研究行星、恆星和銀河等太空物體的科學家。

天擇

生物愈適應環境，繁殖下一代的機率愈高，愈有機會把自身特徵傳給後代；不太適應環境的生物會漸漸死亡，最終滅絕。這就是自然淘汰的過程。

水力發電

藉由水的流動產生電力的方法，比如讓水壩的水流過水力發電廠的管路，或利用每天的海洋潮汐來發電。

火成岩

熔岩在地下或地表冷卻後形成的岩石。

5畫

去氧核糖核酸

簡稱DNA，這個化學物質看起來就像一座旋轉的梯子，裡面有基因資訊，會告訴細胞該長成什麼樣子、做什麼事。

可塑性

一個物體受力時改變形狀，外力消失時仍保持新形狀的能力。

生態系統

生活在同一地區的動植物及牠／它們之間的關係。

6畫

光合作用

植物利用葉綠素把陽光、水和二氧化碳轉變為氧氣和糖的過程。

光年

距離單位，等同於光在一年間行進的距離。

地函

衛星或行星的外殼與核心之間的區域。

色層分析

讓氣體或液體通過吸墨紙等物質或系統，將其中成分加以分離的技術。

7畫

冷凝

指氣體的溫度降到一定程度時，粒子就會凝結在一起，形成液體。

折射

光從一個物質穿過另一個物質時，比如從空氣穿過水時，行進路線改變的現象。

沉積岩

小石礫落到地面、被擠壓在一起後形成的岩石。

身體系統

一組彼此連接的細胞、組織和器官，共同執行特定功能。比方說，腦、脊髓和神經合作組成神經系統，在身體四處傳遞接收各種訊號。

8畫

呼吸作用

生物利用氧氣和糖產生二氧化碳和水，並釋放能量的過程。

昇華作用

固體沒有先變成液體，直接轉化為氣體的過程。

板塊構造

地殼由巨大石板組成，板塊構造指的就是這些石板移動與影響彼此的過程。

沸騰

當物質的溫度高到一定程度，就會從液態轉變為氣態。

空氣阻力

物體在空氣中行進時產生的摩擦力。空氣阻力的方向與物體移動的方向相反。

9畫

星系

由非常多的恆星、行星和星雲所組成的集合體。一個星系的恆星可多達數千億顆。

重力

有質量的物體間彼此吸引的力量。物體的質量愈大，其重力就愈大。

10畫

原子

可進行化學反應的最小物質單位。

原行星

剛開始成形的行星。

核分裂

將原子核分開，這個過程會釋放非常多的能量。

核融合

把數個原子核擠壓在一起，讓它們融合，過程中也會釋放非常多的能量。

氣候

一個地區的長期天氣概況。

氣候變遷

地球氣候的變化，特別是二氧化碳等溫室氣體增加所引發的全球氣溫上升現象。

能

活動或做功的能力。

11畫

基因

細胞內儲存的資訊，告訴細胞該做什麼事。這些資訊儲存在細胞的DNA中，進行細胞分裂時，由母細胞傳給後代。

彗星

由冰和灰塵組成的塊狀物，在天王星的軌道之外繞著太陽運行。靠近太陽時，彗星的冰和灰塵會蒸發，散逸太空中，這些氣體與灰塵會反射太陽光，形成長長的尾巴。

授粉

植物的雄性細胞（花粉）與雌性細胞（卵）結合產生種子的過程。

細胞

生物體中能夠自行運作的最小單位。細胞內

還有其他微小結構執行特定任務。比方說，細胞核掌握細胞的基因資訊，粒線體則透過呼吸作用產生能量。

12畫

棲地

動植物生長的自然環境。

絕緣體

不太會傳導熱和／或電的物體。

13畫

溫室氣體

造成溫室效應的氣體，它們將太陽能量留在大氣中。二氧化碳和甲烷都是溫室氣體。

溶液

一種物質完全溶化在一種液體中所形成的混合液；前者稱為溶質，後者稱為溶劑。

滅絕

某種生物在某個地區全面消失。

電子

微小的次原子粒子，帶負帶，繞行原子核。

電磁波譜

電磁輻射的範圍，涵蓋波長很長的無線電波到波長很短的伽馬射線。它也包含了可見光的色譜。

14畫

演化

生物漸漸改變外觀和／或行為模式的過程，通常會花上數代的時間。

磁場

指磁鐵會對磁性物體造成影響的空間範圍。

蒸發

液體表面的粒子在溫度未達沸點，就化為氣體的現象。

蒸餾

混合液的不同成分有不同的沸點，蒸餾就是根據這項特質，分離混合液的過程。

蝕

一個物體擋住光源，使另一個物體看不到光的現象，比如當月球通過太陽前面，就會形成日蝕。

15畫

彈性

受力時物體會改變形狀，一旦外力消失就恢復原本大小與形狀的能力。

摩擦力

兩個物體摩擦時產生的力。摩擦力的方向與物體行進的方向相反。

複合物

由兩種以上的物質組成的物體。例如，碳纖維複合物是種用塑膠樹脂包住細小碳纖維的材料。

質子

原子核內的一種次原子粒子，帶正電。

適應

生物自行發展或透過遺傳得到的某項特徵，因此變得更適合在某種環境中生存。

16畫

凝固

溫度下降到一定程度，液體就變成固體的現象。

導體

一個可以傳導熱或電的物體。

融化

固體的溫度上升到一定程度時，化為液體的現象。

17畫

壓力

指在特定區域作用的力。面積較小時，同一股力產生的壓力較大，面積較大時壓力較小。

趨同演化

兩種不同的動物物種發展出類似的特徵或行為，比如經過演化，魚和鯨都有魚鰭。

19畫

離心機

不斷旋轉物質直到其成分分離的機器。它迫使密度較高的成分落到管狀容器底端，密度較高的成分則留在上方。

23畫

變質岩

曾被炙熱高溫和／或強大壓力改變結構的岩石。

索引

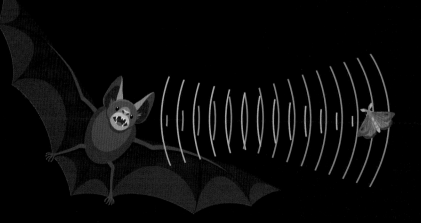

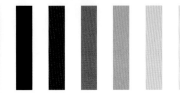

致謝名單

圖片來源

FC：封面；BC：封底；t：上方；b：下方；l：左邊；r：右邊；c：中間。

4–5 Vector Tradition/Shutterstock, 6–7 Ron Dale/Shutterstock, 8, 12–13c, 32br John Erickson/Shutterstock, 9c, 10–11 gritsalak karalak/Shutterstock, 9bl, 16tr 4zevar/Shutterstock, 9br Blue bee/Shutterstock, 13tr mapichai/Shutterstock, 13b Pongpak Jitnukroh/Shutterstock, 14–15 okili77/Shutterstock, 14b Evgen_diz_art/Shutterstock, 15t NTL studio/Shutterstock, 16tl Marina Dekhnik/Shutterstock, 16tc, 16tr Maike Hildebrandt/Shutterstock, 16bl LuckyVector/Shutterstock, 16b Margarita Fink, 17tr Emil Timplaru/Shutterstock, 17tc grmarc/Shutterstock, 17l art4stock/Shutterstock, 17br Sansanorth/Shutterstock, 18bl Ircaniago/Shutterstock, 18br Tartila/Shutterstock, 19tr Anatolir/Shutterstock, 19br Isaac Zakar/Shutterstock, 20–21 trgrowth/Shutterstock, 20br, 61br MicroOne/Shutterstock, 21tr GraphicsRF.com/Shutterstock, 4zevar/Shutterstock, 21c, 48t, 127br LynxVector, 22tl, 22cr Vectomart/Shutterstock, 22c puruan/Shutterstock, 22b Redline Vector/Shutterstock, 22br Anastasia_B, Ilya Bolotov, 23c Sonya illustration/Shutterstock, 23r Kolesov Sergey/Shutterstock, 23bl Intellson/Shutterstock, 23bc Rainbow Black/Shutterstock, 24tr antlexx/Shutterstock, 24cr Vita Olivko/Shutterstock, 24br Annie Sintsova/Shutterstock, 24l Anatolir/Shutterstock, 24cl Ircaniago/Shutterstock, 24bl Iconic Bestiary/Shutterstock, 25c Evgeniya Mokeeva/Shutterstock, lukpedclub/Shutterstock, 25b peart.ru/Shutterstock, 26t Viktoria Kazakova/Shutterstock, 26cr LineTale/Shutterstock, 26br runLenarun/Shutterstock, 26bl, 31cl Lamberg Vector studio/Shutterstock, 27tr nimograf/Shutterstock, 27cr Martin Kalimon/Shutterstock, 27bl Maksim M/Shutterstock, 28tl derter/Shutterstock, 28cl maglyvi/Shutterstock, 28bl robuart/Shutterstock, 28–29c, 43c, 83tr, 91tr, 93br, 114c Spreadthesign/Shutterstock, 28–29cb sabbracadabra/Shutterstock, 29t VikiVector/Shutterstock, 29cr BigMouse/Shutterstock, 29b Photoroyalty/Shutterstock, 30 Dream Master/Shutterstock, 31tl, 31cr, 42c, 51cr Rvector/Shutterstock, 31tc Cosmo Vector/Shutterstock, 31tr, 103tr, 109c Nasky/Shutterstock, 31c SkyPics Studio/Shutterstock, 31br Golden Sikorka/Shutterstock, 31bl badrun13/Shutterstock, 32c Victor Z/Shutterstock, 32bl Maria.K/Shutterstock, 33c BlueRingMedia/Shutterstock, 34t firatturgut/Shutterstock, 34cl, 34cr, 35t, 35b, 40c, 46tr, 62c, 65c, 67r, 74–75t, 75, 77br, 96–97c, 87t, 89, 94, 111c VectorMine/Shutterstock, 34b Olha1981/Shutterstock, 35c Fouad A. Saad/Shutterstock, 36t Vivid vector/Shutterstock, 36c Astrobobo/Shutterstock, 36bl, 69br Titov Nokolai/Shutterstock, 36bc Jane Kelly/Shutterstock, 36br Drakkara/Shutterstock, 37t Nasky/Shutterstock, 37c metamorworks/Shutterstock, 38bl Danussa/Shutterstock, 39c Studio_G/Shutterstock, 39l CRStocker/Shutterstock, 41t hvostik/Shutterstock, 42l trgrowth/Shutterstock, 42b klerik78/Shutterstock, 43t Creative Stall/Shutterstock, 43cl miniwide/Shutterstock, 44tr Vextor FX/Shutterstock, 45t Inspiring/Shutterstock, 45l, 53br Ilya Bolotov/Shutterstock, 45b NWM/Shutterstock, 47t, 47c Mascha Tace/Shutterstock, 47b Shanvood/Shutterstock, 48cr Coosh448/Shutterstock, 48br Evikka/Shutterstock, 49bl Alex Oakenman/Shutterstock, 50 Bloomicon/Shutterstock, 51tl art-sonik/Shutterstock, 51b gritsalak karalak/Shutterstock, 52cl aklionka/Shutterstock, 52cr Oxy_gen/Shutterstock, 53t, 67bl KittyVector/Shutterstock, 54l ByEmo/Shutterstock, 54c, 56b SunshineVector/Shutterstock, 54cr MaryDesy/Shutterstock, 55t ONYXprj/Shutterstock, 55br u3d/Shutterstock, 56tl Pogorelova Olga/Shutterstock, 56tr Nadya_Art/Shutterstock, 56br HappyPictures/Shutterstock, 57tl Blue Flourishes/Shutterstock, 57tr Nsit/Shutterstock, 57c OnD/Shutterstock, 57b MicroOne/Shutterstock, 58t Hennadii H/Shutterstock, 59t MuchMania/Shutterstock, 59c Nadzin/Shutterstock, 59cl aliaksei kruhlenia/Shutterstock, 60c practicum/Shutterstock, 60bl Mochipet/Shutterstock, 60br eatcute/Shutterstock, 61cl CHUKOVA NINA/Shutterstock, 61c all_is_magic/Shutterstock, 63t Siberian Art, 63bl NTL studio/Shutterstock, 64tl P U P S I K L A N D/ Shutterstock, 64ct Vector Up/Shutterstock, 64tr Rvector/Shutterstock, 64c hvostik/Shutterstock, 65t tersetki/Shutterstock, 65b ShadeDesign/Shutterstock, 66t, 66b, 86tr Sergey Merkulov/Shutterstock, 67tl valeo5/Shutterstock, 67c wickerwood/Shutterstock, 68 NASA, 69t VectorShow, 69cr Lexamer/Shutterstock, 69bl MawRhis/Shutterstock, 70–71, 72bl Macrovector/Shutterstock, 71cl NASA, 72tr Lisitsa/Shutterstock, 72cl Alhovik/Shutterstock, 73tl, 73bl alexokokok/Shutterstock, 73br joshimerbin/Shutterstock, 74tr Kirill Kirsanov/Shutterstock, 74b, 79, 80–81 shooarts/Shutterstock, 75 Ron Dale/Shutterstock, 75tl MicroOne/Shutterstock, 78 NASA, 81r VectorKnight/Shutterstock, 82, 94 Ozz Design/Shutterstock, 83cl Regina F. Silva/Shutterstock, 83br Mopic/Shutterstock, 84–85 CRStocker/Shutterstock, 84bl DEmaz/Shutterstock, 85br Golden Sikorka/Shutterstock, 91b Nasky/Shutterstock, 92 Anna L. e Marina Durante/Shutterstock, 94tr grayjay/Shutterstock, 95c Designua/Shutterstock, 96–97b Ikrill/Shutterstock, 96bl TyBy/Shutterstock, 97r Victor Z/Shutterstock, 97br Rvector/Shutterstock, 98 ActiveLines/Shutterstock, 99bl A7880S/Shutterstock, 99br Archiichii/Shutterstock, 99br Olga Bolbot/Shutterstock, 100c, 101c Designua/Shutterstock, 102r ShadeDesign/Shutterstock, 102bl Julia Tim/Shutterstock, 103tl cash1994/Shutterstock, 103tc HappyPictures/Shutterstock, 103cl solar22/Shhutterstock, 103c, 110br, 113c Andrii Bezvershenko/Shutterstock, 103cr Ira Che/Shutterstock, 103bl Ellagrin/Shutterstock, 104–105 Macrovector/Shutterstock, 106c Volkova Tetiana/Shutterstock, 106br Maglyvi/Shutterstock, 106–107b Studio Barcelona/Shutterstock, StockSmartStart/Shutterstock, 107c Rhoeo/Shutterstock, 107br svtdesign/Shutterstock, 108t VikiVector/Shutterstock, 108bl Svetla/Shutterstock, 108br WhiteDragon/Shutterstock, 110tc TDubov/Shutterstock, 110tr koff.shutter/Shutterstock, 110c MicroOne/Shutterstock, 110cr Alena Nv/Shutterstock, 110b Designer things/Shutterstock, 111bl OGdesign/Shutterstock, 112t Antonov Maxim/Shutterstock, 112tl Dreamcat/Shutterstock, 112r RNko/Shutterstock, 112bl aliaksei kruhlenia/Shutterstock, 113tl Oliana Tkachova/Shutterstock, 113tr Magicleaf/Shutterstock, 113cl H. Elvin/Shutterstock, 113br ClassicVector/Shutterstock, 113b robuart/Shutterstock, 114tr Lucia Fox/Shutterstock, 114br curiosity/Shutterstock, 115cr Alexander Ryabintsev/Shutterstock, 115cl nelya43/Shutterstock, 115b Shanvood/Shutterstock, 116c Panda Vector/Shutterstock, 116c, 117cr Alfmaler/Shutterstock, 116bl, 117bl Awesome Designer/Shutterstock, 117t Dom Uccello/Shutterstock, 117tr Anatolir/Shutterstock, 117l Katerina Pereverzeva/Shutterstock, 118tl Maike Hildebrandt/Shutterstock, 118–119b Amanita Silvicora/Shutterstock, 119t Daria_Art/Shutterstock, 119c HAPPY-LUCKY/Shutterstock, 119br zmicier kavabata/Shutterstock.